味つけご飯とおみおつけ

重信初江

東京書籍

はじめに

日本人に生まれて、一番身近な食事の軸になるご飯とおみそ汁。食卓に上るご飯で子どもながらに季節の移り変わりを感じました。春に母と一緒にさやから出すのが楽しかったグリーンピースの豆ご飯、父の趣味だったきのこ狩りで待望のまつたけが採れたときのまつたけご飯。「今日は味つけご飯だ。やったー！」。部屋に立ちのぼるご飯の香りで本当に幸せな気分になったものです。

そういえば子どものころ、おみそ汁を「おみおつけ」と言ってましたっけ。「おみおつけ」ってちょっと昔の響きがあって、ゆったりした感じ。辞書で調べてみたら「御御御付け」。こんなにたくさんの「御」がついている！　ご飯と一緒に出される汁ものを指して言った室町時代からのていねいな貴族の言葉だったようです。当時の人々がいかに食事のときの一椀を大事にしていたかがよくわかります。

一汁一菜がシンプルで時短、健康にもよいと話題になり、再認識されている今、季節の野菜をはじめとしたいろいろな具材をとり入れて味わうことのできる「味つけご飯」と「おみおつけ」に、改めて魅力を感じています。

この本では、あまり繕わない然《さ》もない和食を中心に、私が料理を作り始めてから興味をもち、よく作っている韓国のご飯や、子どものころはケチャップご飯と言っていた懐かしいチキンライスなども載せました。おみおつけはすべてみそベース。ページにとらわれず、ジャンルも気にせず、「味つけご飯」と「おみおつけ」を自由に組み合わせて作っていただけるとうれしいです。お米とみそがすべて受け止めてくれます。

重信初江

目次

味つけご飯

春〜夏

おみおつけ

春〜夏

夏〜秋

夏〜秋

味つけご飯

秋〜冬

おみおつけ

秋〜冬

冬〜春

冬〜春

※計量単位は、1カップ＝200㎖、大さじ1＝15㎖、小さじ1＝5㎖、1合＝180㎖です。
※電子レンジの加熱時間は600Wを基準にしています。様子をみながら加減してください。
※ガスコンロの火加減は、特にことわりのない場合は中火です。

味つけご飯の手順と楽しみ方

味つけご飯の手順（基本）

1）米をといでザルに上げます

米はボウルに入れ、数回水を替えながら手早くとぎます。ザルに上げて水気をきり、そのまま15分ほどおきます。

2）米を炊飯器に入れ、だし汁を加えます

米を炊飯器に移し入れ、だし汁を注ぎ入れます。炊き込む具によっては、だし汁を使わずに水を使うこともあります。

3）調味料を加えます

具を加える前に調味料を加えます。米に対する水分量は、調味料を含めての量なので、この段階で水分量を適切にします。

4）全体に軽く混ぜます

調味料を加えたら、全体に混ぜて味を均一にします。混ぜないとムラのある味に炊き上がってしまいます。

5）具を入れて炊きます

具が2種類以上あるときは、だしの出る素材を先に入れるとご飯にうまみが吸収されやすくなります。ここでは「にんじんとじゃこのご飯」（p.25）を作るので、だしが出るじゃこを先に入れ、その上ににんじんをのせます。ふたをして炊飯。

6）炊き上がったら、さっくりと混ぜます

ご飯が炊き上がったら、ご飯粒をつぶさないように、底の方から大きくとって返し、切るようにして混ぜます。

土鍋で炊くときは……

炊飯器で炊くときと同様に、土鍋に米、だし汁、調味料を入れて軽く混ぜ、ここでは「たけのこご飯」（p.21）を作るので、だしが出る油揚げを先に入れ、その上にたけのこをのせます。

ふたをします。炊いている間に吹きこぼれないように、ある程度重さがあってしっかりとふたのできる土鍋を使います。

最初は弱めの強火にかけ、煮立つまでそのまま。ふたを何度も開けないようにします。

煮立ったら弱火にし、10分ほど炊きます。
※おこげの好きな人は最後に火を強めて30秒数えます。

火を止めて、ふたを開けずに10分ほどおいて蒸らします。蒸らすことによって米の水分が均等になり、よりおいしくなります。

炊き上がり。炊飯器で炊くときと同様に、底の方から大きくとって返し、さっくりと混ぜます。

もち米を入れるときは……

白米＋もち米を使って味つけご飯を作る場合は、白米ともち米をボウルに合わせ、数回水を替えながら手早くとぎ、30分ほど水につけます。そのあと、ザルに上げ、15分ほどおいて水気をきります。お赤飯のようにもち米だけを使う場合も同様です。どちらも水加減は通常よりもかなり少なめに。

おいしさを保つには……

おひつに移すのもおすすめです。おひつを水でさっとぬらして拭き、味つけご飯を入れ、乾いた手ぬぐいなどをかぶせてふたをします。木がご飯の熱や水分を調節してくれ、手ぬぐいがご飯の余分な水分を吸ってくれます。

その日食べない分は冷凍しましょう。ラップに温かい味つけご飯をお茶碗1杯分ずつのせ、ご飯を押しつぶさないように包み、粗熱がとれたら冷凍用保存袋に入れて冷凍庫へ。ご飯がまだ温かいうちに包むと水分が蒸発しないので、温め直してもおいしいままです。

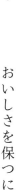

味つけご飯の楽しみ方

お弁当に

味つけご飯はご飯に味がついているので、冷めてもおいしいのが魅力。また、具が入っているから、おかずが少なくていいのもうれしいところです。ここでは「枝豆と桜えびのご飯」（p.45）をお弁当箱に詰め、鶏のから揚げ、漬けものを取り合わせました。これだけで立派なお弁当になります。

お茶漬けに

しょうゆ味や塩味の和風の味つけご飯は、お茶漬けにしてもおいしくいただけます。ご飯は温かくても冷めていてもOK、お茶は緑茶、番茶、ほうじ茶と好みのもので。だし汁をかければだし茶漬けになります。ここでは「鮭と塩昆布のご飯」（p.101）に緑茶をかけました。

おむすびに

炊き込みご飯が残ったら、おむすびにするのもおすすめです。三角にむすんで焼きのりを巻いてもいいし、小さめサイズに作れば、小腹が空いたときやおやつ、夜食などにつまめます。おみおつけと組み合わせて朝食献立にしても。一つずつラップに包んで冷凍も可能です。ここでは「にんじんとじゃこのご飯」（p.25）で作りました。

味つけご飯のあしらい、いろいろ

G　実山椒のつくだ煮

実山椒を甘辛しょうゆ味で煮たもの。アクセントになるので、ご飯の味が締まります。実山椒のしょうゆ漬けでも。

D　粉山椒

山椒の実を乾燥させてすりつぶしたもの。ピリリとした刺激が夏のご飯によく合います。

A　木の芽

山椒の若芽で、春を代表する香味野菜の一つ。フレッシュな香りがあり、春のご飯におすすめです。

H　黒炒りごま

白ごまよりコクがあり、香りが強いのが特徴。市販の炒りごま、または黒ごまをフライパンなどで香ばしく炒って使います。

E　パセリのみじん切り

洋食に欠かせないハーブの一つで、洋風ご飯の香りづけや彩りに使います。細かく刻んで使うと口当たりがよくなります。

B　粗びき黒こしょう

スパイシーな香りが特徴。洋風、アジア風のご飯によく合います。粒こしょうをひいて使うと香りが立ちます。

I　レモン

和のご飯にはすだちやゆずが合いますが、洋風やアジアのご飯にはレモン。レモンの香りと酸味ですっきりとした味わいになります。

F　すだち

夏の終わりから秋が旬の柑橘類で、上品で清々しい香りが特徴。さんまご飯やまつたけご飯など秋のご飯によく合います。

C　ごま塩

焼き塩と黒炒りごまを混ぜたもの。市販のもの、または黒ごまと自然塩を5対1くらいの割合で軽くすり混ぜて作ります。

おみおつけの手順（基本）

おみおつけの手順と楽しみ方

1）実（おみおつけの具）**を用意します**

ここでは「大根のおみおつけ」（p.92）を作るので、大根は千六本に切り、大根の葉は小口切りにします。
※実の切り方は p.16 〜 17 参照。

2）だし汁を温めます

鍋にだし汁を入れて火にかけ、温めます。
※だし汁の作り方は左ページ参照。

3）大根を入れます

だし汁が煮立ったら、大根を入れます。大根の葉はすぐに火が通るので、まだ入れません。

4）みそを溶き入れます

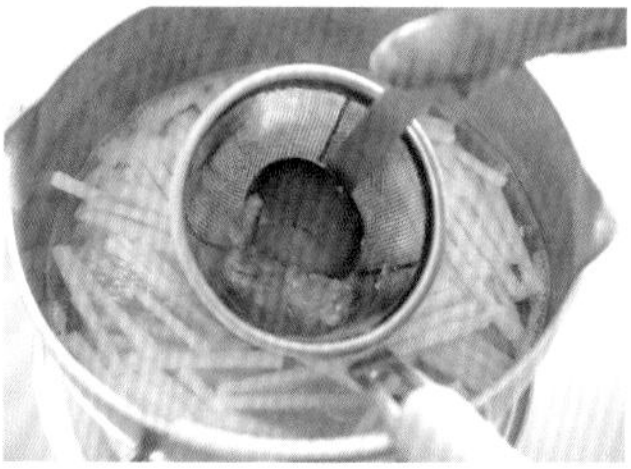

大根がやわらかくなったら、みそ漉しにみそを入れてみそを溶き入れます。みそ漉しを使わず、お玉にみそを入れて少しずつ溶き入れても。

5）大根の葉を入れます

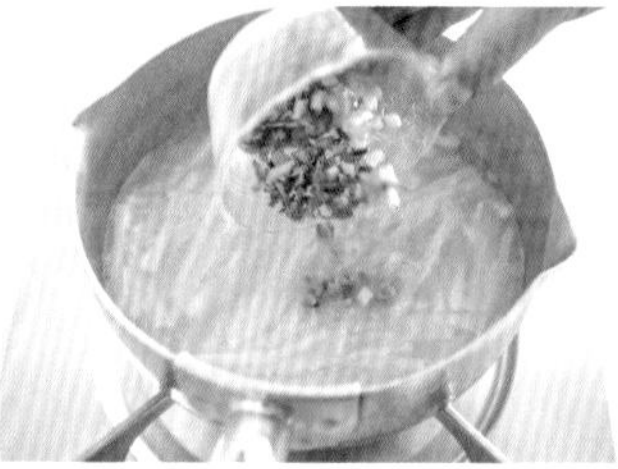

すぐに大根の葉を加え、一煮して火を止めます。みそは煮すぎると風味が飛ぶので、さっと煮て火を止めるようにします。

だし汁（かつおだし）の作り方は……

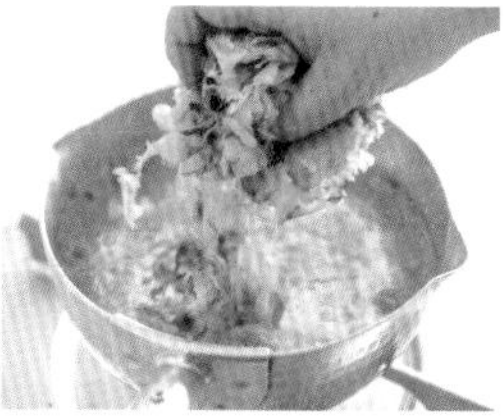

一番簡単で早い、かつおだしの作り方を紹介。鍋に水5カップを入れ、煮立ったら削り節20gを入れます。

箸で軽く混ぜ、削り節を湯の中に沈めます。

少しフツフツするくらいの弱火で、3分ほど煮ます。

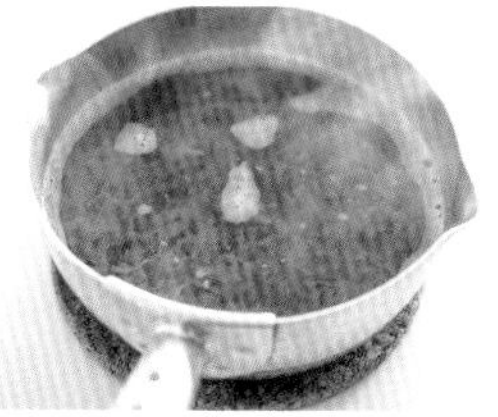

火を止めて、削り節が沈むまでそのまま5～10分おきます。

万能漉し器で漉します。漉すと、きれいな麦わら色に。

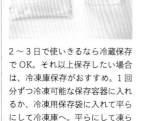

でき上がり。かつお節の風味が効いただし汁になります。

おいしさを保つには……

2～3日で使いきるなら冷蔵保存でOK。それ以上保存したい場合は、冷凍庫保存がおすすめ。1回分ずつ冷凍可能な保存容器に入れるか、冷凍用保存袋に入れて平らにして冷凍庫へ。平らにして凍らせると解凍しやすくなります。

水出しもおすすめ

昆布＆かつおだし……3～4㎝長さに切った幅広の昆布、お茶パックに入れた削り節15g、水5カップを容器に入れます。冷蔵庫で一晩おき、昆布はとり出します。保存期間は2日、塩少々を加えれば3～4日保ちます。

煮干しだし……煮干し30g、水5カップを容器に入れ、冷蔵庫で一晩おきます。水出しにすると煮干しのクセを抑えられるので、頭やワタをとらなくてもOKです。保存期間は2日、塩少々を加えれば3～4日保ちます。

おみおつけの楽しみ方

すいとんに

すいとんは漢字で書くと「水団」で、小麦粉を練った団子を入れた汁もののこと。作り方は簡単。小麦粉50gと塩少々を入れたボウルに水50㎖を加えてよく混ぜ、これをスプーンなどで一口大にすくっておみおつけの中に落とし入れ、火が通るまで煮ます。炭水化物入りのおみおつけは、これだけで朝ごはんになります。ここでは「大根のおみおつけ」(p.92)で作りました。

にゅうめんに

1杯目はおみおつけ、2杯目はにゅうめんとして楽しんでも。そうめんはそのまま入れるとどろりとしてしまうので、袋の表示通りにゆでて流水で洗ってぬめりをとり、ザルに上げてしっかりと水気をきってから、おみおつけに加えて温めます。ゆでうどんやきしめんを使っても。ここでは「たたきえびとオクラのおみおつけ」(p.42)で作りました。

みその種類を替えてみても

みそは各地方、各家庭によってさまざま。自分がおいしいと思う、子どものころから慣れ親しんだみそを使うのが一番です。この本では私にとってのいつものみそ(信州みそや越後みそ)、白みそ、赤みそを紹介。おみおつけの実やその日の気分で替えてみると、また違ったおいしさに出合えます。

信州みそ、越後みそ……レシピで「みそ」と表記しているのは、信州みそ、越後みそに代表される、関東人にとっては最も標準的なみそ。色が濃い辛口、色が薄めの甘口を常備。混ぜて使うこともよくあります。

白みそ……麹の割合が高いので甘く、塩分がほかのみそに比べて低く、短期熟成のため色が白いので、白みそと呼ばれます。甘めに仕上げたいとき、まろやかにしたいときに使います。

赤みそ……八丁みそを代表とする、色が赤褐色のみそ。味が濃厚で独特の香ばしさがあり、わずかに渋みと苦みがあるのが特徴。見た目の色とは違って味はあっさりとしていて甘さ控えめ。すっきりと仕上げたいときなどに使います。

おみおつけのあしらい、いろいろ

G おろししょうが

春や夏のおみおつけに。肉を実にしたおみおつけ、揚げなすなど油を使った実のおみおつけに添えると、すっきりした食べ心地になります。

H 溶き辛子

お椀によそってから少し添えるだけで、味が締まります。できれば粉辛子を溶いて用いると辛さが引き立ちます。

I すだち

夏の終わりから秋が旬の柑橘類で、上品で清々しい香りが特徴。ほんの少し果汁を絞り入れるだけで、すっきりとした味わいになります。

D 長ねぎの小口切り

最後に入れれば香りが立ち、煮ている間に入れればおみおつけの実にもなります。辛みが気になるときは、小口切りにしたあとに水の中でもみ洗いします。

E ゆずこしょう

唐辛子とゆずが原料で、ピリ辛でさわやかな風味が特徴。お椀によそってから少し添えるだけで、味が締まります。

F 黒半ずりごま

白ごまよりコクがあり、香りが強いのが特徴。黒炒りごまをすり鉢などで軽くすって使います。することによって香りが立ちます。

A 細ねぎの小口切り

万能ねぎ、あさつき、わけぎなどの細ねぎを、小口から刻んだもの。香りづけだけでなく、彩りなどに使える万能選手です。

B 七味唐辛子

香りのアクセントが欲しいときに。最初から入れず、途中で入れて違ったおいしさを楽しんでも。

C 青のり

とろろ汁、みぞれ汁などに、彩りを添える意味も含めて使います。あおさのりを手もみして用いても。

実（おみおつけの具）の切り方

油揚げ

A　短冊切り

縦半分に切ってから、１～1.5㎝幅に切ります。これで短冊の形になります。

B　細切り

縦半分に切ってから、一般的には３～４㎜幅に切ります。組み合わせる野菜とのバランスで細さは調整します。

C　あられ切り

３～５㎜角に切ったもの。さいの目切りより小さく、みじん切りより大きく切ります。

豆腐

D　色紙切り

色紙のような正方形の薄切りのこと。おみおつけの実にする場合は、豆腐なら２㎝角で７～８㎜厚さ、野菜なら火の通りを考えてもっと薄めに。

E　さいの目切り

１㎝角のさいころ状に切ります。形がくずれないように片手で軽く押さえて端から切っていきます。

F　くずし

包丁は使わず、手で食べやすい大きさにくずします。おみおつけやけんちん汁などに用いるときに。

野菜

A 半月切り

大根、にんじん、さつまいもなど、断面が丸い野菜を切ったものが輪切りで、輪切りを半分に切ったのものが半月切り。

B いちょう切り

半月切りをさらに半分に切ったもの。いちょうの葉の形に似ているのでこう呼ばれます。

C 短冊切り

長方形の薄切りで、短冊の形に似ているのでこう呼ばれます。４～６㎝長さに切った大根の切り口を上にしておき、７㎜～１㎝幅に切り分け、１枚ずつ繊維に沿って薄切りにします。

D 太せん切り（千六本）

せん切りより少し太めに切ったもの。繊維のやわらかい大根によく使われる切り方で、大根に限っては千六本とも呼ばれます。

E せん切り

４～６㎝長さに切った大根を２～３㎜幅の薄切りにし、線のように細長く切ります。

F 乱切り

ごぼう、にんじんなど火の通りにくい根菜類を切るときに。材料を横長におき、まず斜めに切り、次からは材料を適当に転がしながら斜め切りにしていきます。

G ささがき

細い笹の葉の形に切るのでこう呼ばれます。ごぼうによく使われる切り方で、太い部分はあらかじめ縦に切り込みを入れ、包丁を寝かせて鉛筆を削るように切っていきます。

H くし形切り

くしの形に似ていることからこう呼ばれます。かぶ、玉ねぎ、じゃがいも、トマトなど球形の野菜を切るときに。縦に放射線状に６～８等分に切ります。

I 小口切り

長ねぎ、きゅうり、セロリなど長くて細い野菜を切るときに。小口（端）から、繊維に直角に切っていきます。用途によって、薄いことも厚いこともあります。

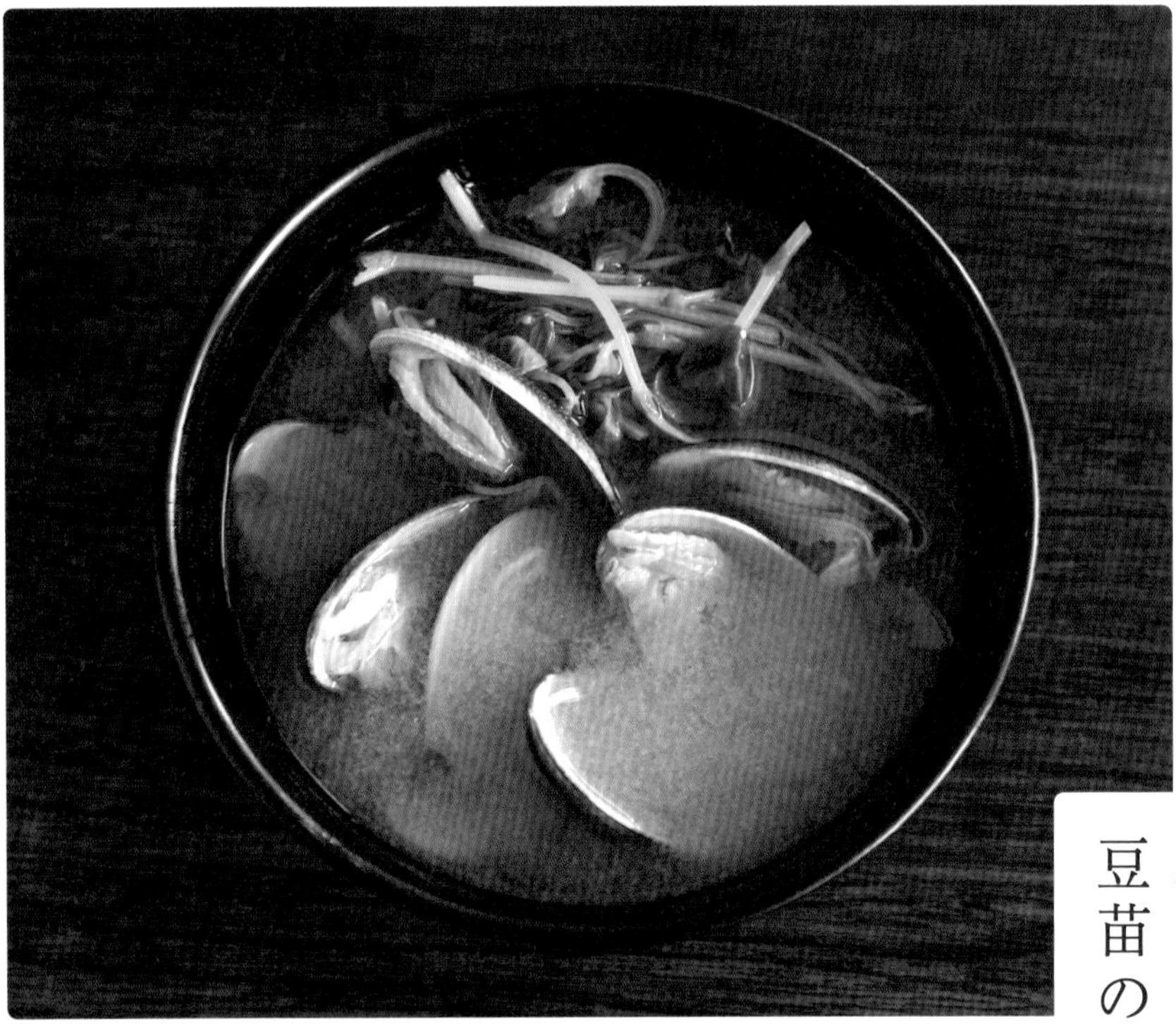

あさりと豆苗のおみおつけ

材料／2人分

あさり（殻つき、砂抜き済み）　150g
豆苗　40g
水　400mℓ
酒　大さじ2
みそ　大さじ1

1）あさりは殻をこすり合わせて洗います。豆苗は根元を切り落とし、半分の長さに切ります。
2）鍋に水、酒、あさりを入れて火にかけ、煮立ったら火を弱め、アクをすくいながら煮ます。
3）あさりの口が開いたら豆苗を入れ、豆苗がしんなりしたら、みそを溶き入れて火を止めます。

メモ　あさりの砂抜きが必要な場合は、ボウルやバットにあさりを入れ、海水程度の塩水（水1カップに対して塩小さじ1強）を張り、光が入らないようにアルミホイルなどでふたをして1時間ほどおきます。

豆ご飯

材料／2合分

米　2合
グリーンピース（さやつき）　200g
A
水　350mℓ
酒　大さじ2
塩　小さじ⅔
昆布　4〜5cm長さ1枚

1. 米はといでザルに上げ、30分ほどおいて水気をきります。
2. グリーンピースはさやから出します。正味約100gになります。
3. 炊飯器に米とAを入れて軽く混ぜ、昆布をおき、グリーンピースをのせて炊きます。炊き上がったら昆布をとり除いてさっくりと混ぜます。

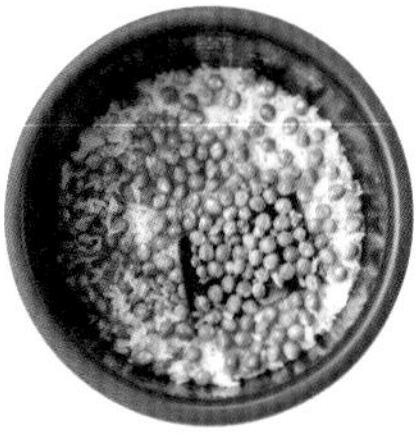

メモ　グリーンピースを最初から入れて炊き込むと、色は悪くなりますが、うまみや香りがご飯にも移ってぐっとおいしくなります。

しじみと麩のおみおつけ

材料／2人分
しじみ（砂抜き済み）　120g
焼き麩（おつゆ麩）　6個
水　400mℓ
酒　大さじ2
八丁みそ　大さじ1

1 しじみは殻をこすり合わせて洗います。焼き麩は水に5分ほど浸し、軽く水気を絞ります。
2 鍋に水、酒、しじみを入れて火にかけ、煮立ったら火を弱め、アクをすくいながら煮ます。
3 しじみの口が開いたら焼き麩を入れて一煮し、みそを溶き入れて火を止めます。

メモ　しじみの砂抜きが必要な場合は、ひたひたの水に1時間ほど浸して砂を吐かせます。焼き麩は水に浸して戻し、水気を軽くきっておき、みそを入れる直前に加えるようにします。

たけのこご飯

材料／2合分

米　2合
たけのこ（ゆでたもの。下記メモ参照）　200g
油揚げ　1枚
A
だし汁　350㎖
酒　大さじ1
しょうゆ　大さじ1
塩　少々
木の芽（あれば）　適量

1. 米はといでザルに上げ、30分ほどおいて水気をきります。
2. たけのこの穂先は縦4〜8等分に切り、根元は5㎜厚さのいちょう切りにします。油揚げは縦半分に切ってから2〜3㎜幅に切ります。
3. 炊飯器に米とAを入れて軽く混ぜ、油揚げ、たけのこの順にのせて炊きます。炊き上がったらさっくりと混ぜます。
4. 器に盛って木の芽をのせます。

メモ　たけのこのゆで方……❶たけのこ1本は先端を斜めに切り落とし、根元も薄く切り落として十字に切り込みを入れます。かぶるくらいの水と米糠½カップ（ないときは米を軽くひとつかみ）とともに鍋に入れて火にかけ、煮立ったら落としぶたをして30〜40分弱火で煮ます。❷根元の方に竹串を刺し、スーッと刺さるくらいやわらかくなったら火を止め、そのまま冷まします。冷めてから皮をむきます。

もずくと豚肉のおみおつけ

材料／２人分
もずく（味つけされていないもの） 60g
豚こま切れ肉 50g
だし汁 400㎖
酒 大さじ1
みそ 大さじ1½
おろししょうが 小さじ2

1 もずくは汁気をきります。豚肉は5㎜幅に刻みます。
2 鍋にだし汁、酒を入れて火にかけ、煮立ったら豚肉を入れて箸でほぐしながら煮ます。アクが出たらすくいます。
3 もずくを入れて一煮し、みそを溶き入れて火を止めます。
4 お椀によそい、おろししょうがをのせます。

メモ もずくの磯の香り、豚肉のコクが一緒になった、口当たりがよくてうまみたっぷりのおみおつけ。おろししょうがの香りがアクセントです。

アスパラとハムのチーズご飯

材料／2合分

米　2合
アスパラガス　6本
A
- 水　300㎖
- 塩　小さじ½

ロースハム　4枚
粗びき黒こしょう　小さじ⅓
カマンベールチーズ　1個

1. 米はといでザルに上げ、30分ほどおいて水気をきります。
2. アスパラガスは根元に近い部分の皮をピーラーでむき、1.5㎝長さに切ります。鍋に**A**を入れて煮立て、アスパラガスを1分ほどゆで、アスパラガスは取り出し、ゆで汁はそのままとっておきます。
3. ハムは放射線状に8等分に切ります。
4. 炊飯器に米を入れ、**2**のゆで汁に水（分量外）を足して360㎖にして加え、ハムをのせて炊きます。炊き上がったらアスパラガスを散らし、こしょうをふり、カマンベールチーズをのせて5分ほど蒸らします。
5. カマンベールチーズをくずしながらさっくりと混ぜ、器に盛ります。さらに好みでこしょう（分量外）をふります。

メモ　ここではアスパラガスをゆでて使いましたが、網焼きにしてもOK。その場合、水の分量は360㎖にします。

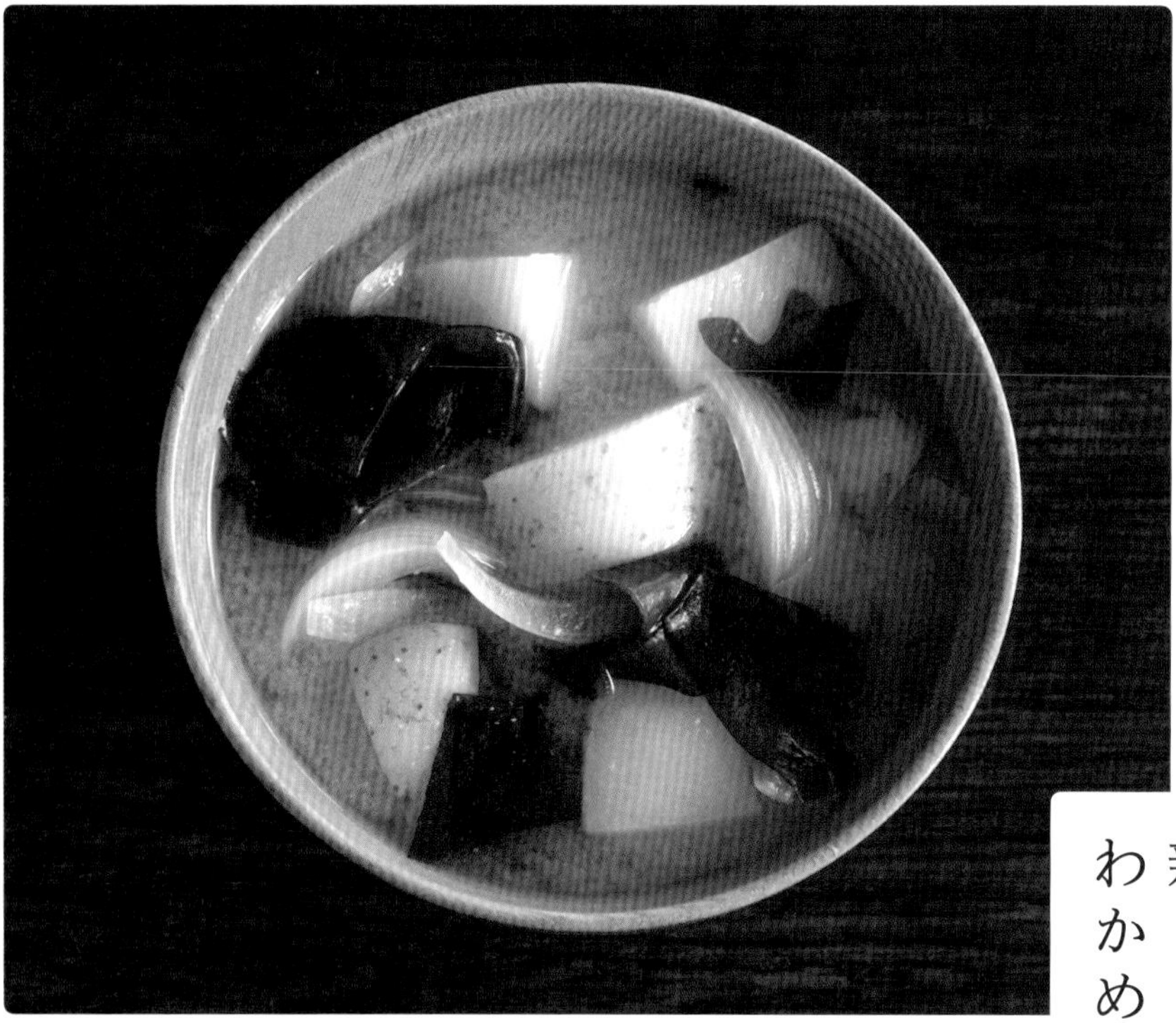

新じゃが、新玉、わかめのおみおつけ

材料／2人分

新じゃが　小1個
新玉ねぎ　¼個
わかめ（塩蔵）　15g
だし汁　450mℓ
みそ　大さじ1½

1）新じゃがは洗って皮ごと一口大に切り、新玉ねぎは7～8㎜幅に切ります。わかめは洗って水に5分ほど浸し、食べやすい大きさに切ります。

2）鍋にだし汁、新じゃがを入れて火にかけ、煮立ったら火を弱めて煮ます。新じゃがに火が通ったら新玉ねぎを入れてさらに1分ほど煮ます。

3）わかめを入れ、みそを溶き入れて火を止めます。

メモ　みそ汁の具は火の通りにくいものから順に入れます。ここでは、新じゃがをだし汁とともに温めはじめ、次に新玉ねぎ、最後にわかめ。わかめは煮すぎるとおいしくないので、みそを溶き入れる直前に入れます。

にんじんとじゃこのご飯

材料／2合分

米　2合
にんじん　1本（200g）
じゃこ　30g
サラダ油　大さじ½

A
だし汁　350mℓ
酒　大さじ1
薄口しょうゆ　大さじ1
塩　小さじ¼

1）米はといでザルに上げ、30分ほどおいて水気をきります。

2）にんじんは皮をむいて4～5㎝長さのせん切りにします。じゃこはサラダ油を熱したフライパンで薄茶色になるまで中火で3～4分炒めます。

3）炊飯器に米とAを入れて軽く混ぜ、じゃこ、にんじんの順にのせて炊きます。炊き上がったらさっくりと混ぜます。

メモ　うまみの出るじゃこを入れてから、にんじんをのせて炊き上げます。こうするとご飯にじゃこのうまみが移りやすく、にんじんの甘さも引き立ちます。

根曲がり竹とさば缶のおみおつけ

材料／2人分

根曲がり竹（水煮またはゆでたもの）　5〜6本
さば水煮缶　1缶（180g）
だし汁　350mℓ
酒　大さじ2
みそ　大さじ1½
七味唐辛子（好みで）　少々

1. 根曲がり竹は斜め3〜4等分に切ります。
2. 鍋にだし汁、酒、根曲がり竹を入れ、さば缶を缶汁ごと加えて火にかけ、煮立ったらみそを溶き入れて火を止めます。そのまま少し煮込んでも味がしみておいしい。
3. お椀によそい、七味唐辛子をふります。

メモ｜信州の郷土料理としても有名な汁ものです。皮つきの新鮮な根曲がり竹を使う場合は、縦に包丁を入れて皮をむき、アク抜きの必要がないので、あとは同様に。

にんじんとひじきのナンプラー混ぜご飯

材料／2合分

ご飯（炊きたて） 2合分
芽ひじき（乾燥） 15g
にんじん ½本（100g）
にんにく 1かけ
サラダ油 大さじ½
ナンプラー 大さじ1
砂糖 小さじ1

1. 芽ひじきはたっぷりの水で戻してザルに上げ、水気をきります。にんじんは皮をむいてスライサーでせん切りにし、にんにくはみじん切りにします。
2. フライパンにサラダ油を熱してにんにくを炒め、香りが立ったら芽ひじきとにんじんを入れて炒め合わせ、ナンプラーと砂糖を加えて汁気がなくなるまでさらに炒めます。
3. ご飯に**2**を加え、さっくりと混ぜます。

メモ　「にんじんとひじきのナンプラー炒め」は作りおきOK。炊きたてのご飯に混ぜるだけで、アジアンテイストのご飯になります。

スナップえんどうとクリームコーンのおみおつけ

材料／2人分

スナップえんどう　8本
だし汁　260㎖
クリームコーン（粒入り）　小1缶（180g）
牛乳　50㎖
みそ　大さじ1⅓

1) スナップえんどうは筋をとって斜め4等分に切ります。

2) 鍋にだし汁を入れて火にかけ、煮立ったらスナップえんどうを入れて煮ます。火が通ったらクリームコーンを入れて混ぜます。

3) 牛乳を加えて一煮し、みそを溶き入れて火を止めます。

メモ　ハムやソーセージを入れてポタージュ風のみそスープにしても。牛乳の量は好みで加減します。

アボカドおかかご飯

材料／2合分

米　2合
A
水　350㎖
しょうゆ　大さじ1½
塩　小さじ¼
削り節　5g
アボカド　1個

1. 米はといでザルに上げ、30分ほどおいて水気をきります。
2. 炊飯器に米とAを入れて軽く混ぜ、削り節をのせて炊きます。
3. アボカドは縦にぐるりと切り込みを入れて皮と種を除き、2cm角に切ります。
4. ご飯が炊き上がったら3を入れ、5分ほど蒸らし、さっくりと混ぜます。

メモ　アボカドは切って放置しておくと変色してしまうので、ご飯が炊き上がる直前に切るようにします。早々に切ってしまった場合は、空気に触れないようにしっかりとラップで包んでおきます。

絹さや、切り干し、油揚げのおみおつけ

材料／2人分
絹さや　8枚
切り干し大根　20g
油揚げ　½枚
だし汁　400㎖
みそ　大さじ1½

1. 絹さやは筋をとります。切り干し大根はたっぷりの水に浸して軽くもみ、5分ほどおいて水気を軽く絞ります。油揚げは縦半分に切ってから5㎜幅に切ります。
2. 鍋にだし汁を入れて火にかけ、煮立ったら切り干し大根と油揚げを入れて煮ます。
3. 絹さやを入れて一煮し、みそを溶き入れて火を止めます。

メモ　絹さやと油揚げだけでもおいしいですが、切り干し大根を入れるとうまみたっぷり。食感の違う素材を組み合わせると、食べ応えのあるおみおつけになります。

鯛ご飯

材料／2合分
米　2合
鯛（下処理したもの）　小1尾
A
水　300mℓ
酒　大さじ4
薄口しょうゆ　大さじ½
塩　少々
木の芽　適量

1. 米はといでザルに上げ、30分ほどおいて水気をきります。
2. 鯛は表裏に2～3本包丁目を入れ、塩小さじ½（分量外）を全体にふり、グリルまたは焼き網でこんがり焼き色がつくまで強めの中火で焼きます。中まで火が通ってなくて大丈夫。
3. 炊飯器に米とAを入れて軽く混ぜ、鯛をのせて炊きます。炊き上がったら鯛をとり出し、骨を除いて身を粗くほぐし、炊飯器に戻してさっくりと混ぜます。
4. 器に盛り、木の芽をたっぷりとのせます。

メモ　鯛は炊飯器に入るくらいの小さめサイズを使います。鮮魚売り場で下処理（ウロコ、エラ、ワタをとり、血合いをとって洗う）してもらうとよいでしょう。

菜の花と落とし卵のおみおつけ

材料／2人分
菜の花　6本
卵　2個
だし汁　450㎖
みそ　大さじ1½

1 菜の花は根元を1〜2㎝切り落とし、塩少々（分量外）を加えた熱湯に根元から入れてさっとゆで、冷水にとって水気を絞り、3等分の長さに切ります。

2 鍋にだし汁を入れて火にかけ、煮立ったら卵を割り落とし、ふたをして黄身が半熟状になるまで3分ほど煮ます。

3 菜の花を入れて一煮し、みそを溶き入れて火を止めます。

メモ　菜の花はかすかな花の香りと、ほのかな苦みが特徴。塩ゆでにするとえぐみがとれて色鮮やかになるので、おみおつけに入れるときも塩ゆでにして使います。

帆立の梅ご飯

材料／2合分

米　2合

A
水　350㎖
みりん　大さじ2

帆立貝柱　8個
細切り昆布（乾燥）　5g
梅干し　1個

1）米はといでザルに上げ、30分ほどおいて水気をきります。

2）炊飯器に米とAを入れて軽く混ぜ、帆立貝柱と昆布をのせて炊きます。

3）梅干しは種をとり除き、たたきます。

4）ご飯が炊き上がったら3を加え、さっくりと混ぜます。

メモ　帆立貝柱の代わりにベビー帆立、小柱を使っても。梅干しの量は好みで加減してください。

巣ごもり風おみおつけ

材料／2人分
キャベツ　80g
パプリカ(赤)　¼個
だし汁　450㎖
卵　2個
みそ　大さじ1½

1) キャベツは太めのせん切りにし、パプリカは薄切りにします。
2) 鍋にだし汁を入れて火にかけ、煮立ったらキャベツとパプリカを入れ、卵を割り落とし、ふたをして卵の白身に火が通るくらいまで2分ほど煮ます。
3) みそを溶き入れて火を止めます。

メモ　春ならキャベツ、夏ならレタス、秋や冬なら白菜……と、そのときどきで出盛りの葉野菜を使うといいですね。卵は好みの加減に火を通してください。

あさりとえびのサフランご飯

材料／2合分

米　2合
あさり（殻つき、砂抜き済み）　200g
えび（無頭、殻つき）　10尾
白ワイン　大さじ1
塩、こしょう　各少々

A
水　330㎖
オリーブオイル　大さじ1
顆粒スープの素　小さじ1
塩　小さじ⅓

サフラン　ひとつまみ

1. 米はといでザルに上げ、30分ほどおいて水気をきります。
2. あさりは殻と殻をこすり合わせて洗います。えびは尾を残して殻をむき、背に切り込みを入れて背ワタをとり、白ワイン、塩、こしょうをからめます。
3. 炊飯器に米とAを入れて軽く混ぜ、サフランを散らし、2をのせて炊きます。炊き上がったらさっくりと混ぜます。

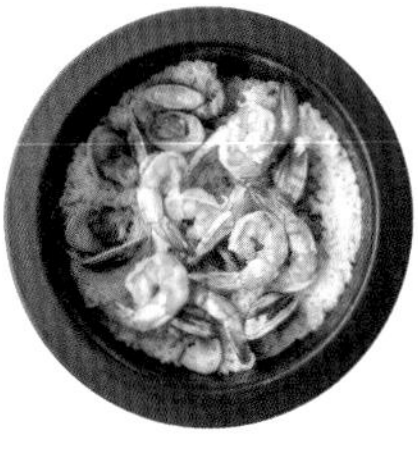

メモ　あさりはむき身を使ってもよいですが、殻つきの方がうまみがあり、器に盛りつけたときに華やか。えびも、むきえびより尾つきの方が見た目にボリュームが出ます。

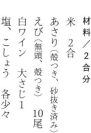

アボカドとベーコンのおみおつけ

材料／2人分
アボカド　½個
ベーコン（薄切り）　2枚
玉ねぎ　⅛個
だし汁　400㎖
みそ　大さじ1⅓
ゆずこしょう　少々

1）アボカドは縦にぐるりと切り込みを入れて皮と種を除き、1.5㎝角に切ります。ベーコンは2㎝幅に切り、玉ねぎは薄切りにします。
2）鍋にだし汁を入れて火にかけ、煮立ったらベーコンと玉ねぎを入れて煮ます。
3）みそを溶き入れ、アボカドを入れて一煮し、火を止めます。
4）お椀によそい、ゆずこしょうをのせます。

メモ　朝のおみおつけにぴったりのとり合わせです。ゆずこしょうを添えると味が締まります。好みでこしょうをふっても。

ケチャップご飯

材料／2合分

米　2合
鶏もも肉　1枚
玉ねぎ　1個
ピーマン　2個
サラダ油　大さじ½
トマトケチャップ　大さじ5
塩、こしょう　各適量

A
水　340㎖
塩　小さじ⅓
パセリのみじん切り（あれば）　少々

1 米はといでザルに上げ、30分ほどおいて水気をきります。

2 鶏肉は2㎝角に切って塩、こしょう各少々をもみ込みます。玉ねぎとピーマンは1㎝角に切ります。

3 フライパンにサラダ油を熱して玉ねぎを透き通るまで炒め、鶏肉を加えて2〜3分炒めます。トマトケチャップ、塩小さじ¼、こしょう少々を入れてなじませ、ピーマンを加えて混ぜます。

4 炊飯器に米と**A**を入れて軽く混ぜ、**3**をのせて炊きます。炊き上がったらさっくりと混ぜます。

5 器に盛り、パセリをふります。

メモ　ケチャップで炒めた具を米にのせて炊くタイプ。鶏肉の代わりにハムやソーセージを入れてもOK。卵で包めばオムライスにもなります。

セロリと油揚げのおみおつけ

材料／2人分
セロリ ½本
セロリの葉 3〜4枚
油揚げ ½枚
だし汁 400㎖
みそ 大さじ1½

1 セロリは斜め薄切りにし、葉は太めのせん切りにします。油揚げは縦半分に切ってから2〜3㎜幅に切ります。

2 鍋にだし汁を入れて火にかけ、煮立ったら油揚げを入れて少し煮、セロリを入れて一煮します。

3 みそを溶き入れ、セロリの葉を入れて火を止めます。

メモ　セロリはシャキシャキ感と香りを生かしたいので、薄めに切ってさっと煮るだけにします。セロリの葉も刻んで入れると彩りになります。

キャベツとコンビーフの焼きめし

材料／約2人分

ご飯（炊きたて） 1合分（約350g）
キャベツ 200g
コンビーフ 1缶（100g）
サラダ油 大さじ½
しょうゆ 大さじ1
塩、粗びき黒こしょう 各少々
レモンのくし形切り 適量

1 キャベツは大きめの一口大にちぎります。コンビーフは粗くほぐします。

2 フライパンにサラダ油を熱し、キャベツを入れてしんなりするまで炒め、コンビーフを加えてさらに炒めます。

3 ご飯を入れて炒め合わせ、フライパンの端を空けて鍋肌にしょうゆを加え、全体になじませながら香りよく炒めます。塩、こしょうで味を調えます。

4 器に盛り、レモンを添えます。

メモ キャベツとコンビーフのうまみをご飯にからめるようにしながら炒めるのがポイント。ご飯は炊きたてを使うと米のおいしさが際立ち、しょうゆの香りも生きてきます。

アスパラとミニトマトのおみおつけ

材料／2人分

アスパラガス（細めのもの）　3〜4本
ミニトマト　8個
オリーブオイル　小さじ½
だし汁　400㎖
みそ　大さじ1½

1　アスパラガスは根元に近い部分の皮をピーラーでむきます。ミニトマトはヘタをとります。

2　フライパンにオリーブオイルを熱してアスパラガスを入れ、強火で焼き色がつくまで焼き、ミニトマトを入れて皮が弾けたら火を止めます。アスパラガスは食べやすい長さの斜め切りにします。

3　鍋にだし汁を入れて火にかけ、煮立ったら**2**を入れます。再び煮立ったら、みそを溶き入れて火を止めます。

メモ　アスパラガスとミニトマトをオリーブオイルで焼くことで、甘みが引き出され、これをおみおつけの実にすると、うまみたっぷりに仕上がります。

カルボナーラご飯

材料／2合分

米　2合
ベーコン（薄切り）　3枚
玉ねぎ　1個
サラダ油　小さじ1

A
水　340㎖
塩　小さじ¼

B
卵　1個
生クリーム　⅓カップ
パルメザン粉チーズ　大さじ2
塩、粗びき黒こしょう　各小さじ⅓

1. 米はといでザルに上げ、30分ほどおいて水気をきります。
2. ベーコンは1㎝幅に切り、玉ねぎは薄切りにします。フライパンにサラダ油を熱して玉ねぎを炒め、しんなりしてきたらベーコンを加えてしっとりするまで炒めます。
3. 炊飯器に米と**A**を入れて軽く混ぜ、**2**をのせて炊きます。
4. **B**を混ぜ合わせ、ご飯が炊き上がったらすぐに回し入れ、さっくりと混ぜて卵に火を通します。
5. 器に盛り、さらに好みでこしょう（分量外）をふります。

メモ　卵、生クリーム、粉チーズ、塩、粗びき黒こしょうを混ぜておき、炊きたてのご飯に回しかけるのがポイント。混ぜていくうちに余熱で卵に火が通り、カルボナーラ味のご飯になります。

たたきえびとオクラのおみおつけ

材料／2人分
むきえび　80g
オクラ　5本
だし汁　400㎖
みそ　大さじ1½

1. むきえびは背ワタがあればとり除き、包丁の背で軽くたたきます。オクラはガクを切り落とし、1㎝幅に切ります。
2. 鍋にだし汁を入れて火にかけ、煮立ったらむきえびを入れて煮、火が通ったらオクラを入れて一煮します。
3. みそを溶き入れて火を止めます。

メモ　むきえびは包丁の背でたたいておくとうまみが出やすく、口当たりがやさしくなります。とうもろこしを加えてもおいしい。

とうもろこしご飯

材料／2合分
米　2合
とうもろこし　2本
しょうゆ　大さじ1

A
水　340㎖
酒　大さじ2
塩　小さじ⅓
粗びき黒こしょう　少々
バター　30g

1 米はといでザルに上げ、30分ほどおいて水気をきります。
2 とうもろこしは皮とひげをとり除き、グリルまたは焼き網で、ときどき向きを変えながら焼き色がつくまで焼きます。2〜3等分に切り、包丁で芯から実をはずし、しょうゆをからめます。芯はとっておきます。
3 炊飯器に米とAを入れて軽く混ぜ、とうもろこしの芯を埋め、とうもろこしの実をのせて炊きます。炊き上がったらバターを加え、とうもろこしの芯をとり除いてさっくりと混ぜます。

メモ　焼きとうもろこしの香ばしさが楽しめる、夏ならではの炊き込みご飯。とうもろこしの芯を入れて炊くと、とうもろこしのうまみが倍増します。

あじときゅうりの冷や汁風

材料／2人分
あじの開き（干物） 1枚
きゅうり 1本
みょうが 1個
みそ 大さじ1
だし汁（冷たいもの） 400㎖
白すりごま 大さじ2

1 あじの開きはグリルまたは焼き網でこんがりと焼き、粗熱がとれたら骨と皮をとり除いてほぐします。きゅうりは小口切りにし、塩小さじ⅓（分量外）をまぶして10分ほどおき、軽くもんで水気を絞ります。みょうがは小口切りにします。

2 ボウルにみそを入れ、だし汁を少しずつ加えて溶きのばし、**1**とごまを入れて混ぜ合わせます。

3 冷蔵庫に入れて冷やします。

メモ　あじの開き、きゅうり、みょうが、ごまで作る、簡単冷や汁です。手でほぐした豆腐を入れてもOK。ご飯にかけて食べてもおいしい、夏の定番です。

枝豆と桜えびのご飯

材料／2合分

米　2合
枝豆（ゆでたもの、または冷凍のものを解凍）　200g
桜えび　15g
A
水　350㎖
酒　大さじ2
塩　小さじ½
昆布　3㎝長さ1枚

1 米はといでザルに上げ、30分ほどおいて水気をきります。
2 枝豆はさやから出します。
3 炊飯器に米とAを入れて軽く混ぜ、昆布をおき、枝豆と桜えびをのせて炊きます。炊き上がったらさっくりと混ぜます。

メモ　枝豆の季節にぜひ作りたい、彩りがきれいなご飯です。枝豆と桜えびの香りと色を生かしたいので、味つけはシンプルに塩で。

レタスとハムのおみおつけ

材料／2人分
レタス　80g
ロースハム　2枚
だし汁　400mℓ
みそ　大さじ1½

1）レタスは大きめの一口大にちぎります。ハムは放射線状に6等分に切ります。
2）鍋にだし汁を入れて火にかけ、煮立ったらレタスとハムを入れます。
3）再び煮立ったら、みそを溶き入れて火を止めます。

メモ　さっと火を通すだけでOKのクイックおみおつけ。レタスは加熱するとカサが減るので、多めに入れるのがおすすめです。玉ねぎを加えても。

ツナとズッキーニのレモンご飯

材料／2合分

米　2合
ズッキーニ　1本
オリーブオイル　大さじ½
塩　小さじ¼
こしょう　少々
ツナ　大1缶
レモン（国産）の輪切り　4枚

A
水　340㎖
顆粒スープの素　小さじ1
塩　小さじ½
こしょう　少々

1）米はといでザルに上げ、30分ほどおいて水気をきります。
2）ズッキーニは薄い輪切りにし、オリーブオイルを熱したフライパンでしんなりするまで炒め、塩とこしょうをふります。
3）ツナは油を軽くきってざっとほぐします。レモンの輪切りはさらにいちょう切りにします。
4）炊飯器に米と**A**を入れて軽く混ぜ、**3**をのせて炊きます。炊き上がったら**2**を入れて2〜3分蒸らし、さっくりと混ぜます。

メモ　ツナとレモンの組み合わせは、さわやかな食べ心地。ズッキーニはオリーブオイルで炒めてうまみを引き出してから混ぜるのが、おいしさのポイントです。

モロヘイヤと豆腐のおみおつけ

材料／2人分
モロヘイヤ　½束（50g）
豆腐（絹ごし）　½丁
だし汁　400mℓ
みそ　大さじ1½

1）モロヘイヤはかたい茎を除いて葉を摘みます。熱湯でさっとゆで、冷水にとって水気を絞り、ざく切りにします。
2）豆腐は7～8㎜厚さの色紙切りにします。
3）鍋にだし汁を入れて火にかけ、煮立ったら豆腐を入れて温め、モロヘイヤを入れ、みそを溶き入れて火を止めます。

メモ　色紙切りにした豆腐が主役。なめらかな食感を楽しみたいので、ここでは絹ごしを使いましたが、好みによって木綿でも。モロヘイヤの粘りをもっと出したいときは、細かく刻んでください。

韓国風なすご飯

材料／2合分

米、もち米　各1合
なす　3本
にんにく　1かけ
長ねぎ　½本
ごま油　大さじ2
豚ひき肉　150g
しょうゆ　大さじ1
塩、こしょう　各少々

A
水　250mℓ
塩　小さじ⅓

B
長ねぎのみじん切り　大さじ2
しょうゆ　大さじ2
砂糖　小さじ1
ごま油　小さじ1
韓国唐辛子粉　小さじ¼

1. 米ともち米は合わせてとぎ、30分ほど水につけてからザルに上げ、15分ほどおいて水気をきります。
2. なすは半月切りにします。にんにくはみじん切りにし、長ねぎは粗みじん切りにします。
3. フライパンにごま油を熱してにんにくと長ねぎを炒め、香りが立ったらひき肉を加え、ポロポロになるまで炒めます。なす、しょうゆ、塩、こしょうを加え、なすがしんなりするまでさらに炒めます。
4. 炊飯器に米ともち米、**A**を入れて軽く混ぜ、**3**をのせて炊きます。炊き上がったらさっくりと混ぜます。
5. 器に盛り、**B**を混ぜたたれを添えます。

メモ　韓国の家庭料理で、そのまま食べてもおいしいけれど、しょうゆだれをかけるのがおすすめ。韓国唐辛子粉がなければ一味唐辛子少々で代用します。白米ともち米を1対1で使っているので、程よいもっちり感も魅力です。

焼きなすのおみおつけ

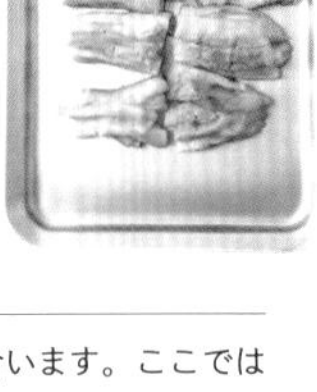

材料／2人分
なす　3本
だし汁　400㎖
みそ　大さじ1½
溶き辛子　適量

1 なすは縦に3〜4本切り込みを入れ、焼き網またはグリルに並べ、ときどき転がしながら皮が真っ黒に焦げるまで焼きます。熱いうちにヘタを切り落として皮をむき、縦に食べやすい大きさにさき、半分の長さに切ります。

2 鍋にだし汁を入れて火にかけ、煮立ったらみそを溶き入れて火を止めます。

3 お椀に焼きなすを入れ、熱々の**2**を注ぎ入れ、溶き辛子をのせます。

メモ　なすは真っ黒になるまで皮を焼くのがポイント。みその風味と焼いたなすの香ばしさがよく合います。ここでは赤みそを使いましたが、お好みで。

うなぎときゅうりの混ぜご飯

材料／2合分

ご飯（炊きたて） 2合分
うなぎの蒲焼き 1串分
きゅうり 2本
卵 2個
砂糖 大さじ½
塩 少々
サラダ油 小さじ1
蒲焼きのたれ（添付のもの） 大さじ1
粉山椒（あれば） 少々

1）うなぎは2cm幅に切って耐熱皿に入れ、酒大さじ½（材料外）をふってラップをし、レンジで温めます。

2）きゅうりは小口切りにして塩小さじ½（分量外）をまぶし、15分ほどおいて水気を絞ります。

3）卵はボウルに割りほぐし、砂糖、塩、水大さじ2（分量外）を加えてよく混ぜます。サラダ油を熱したフライパンに流し入れ、炒り卵にします。

4）ご飯に**1**、**2**、**3**、蒲焼きのたれを入れてさっくりと混ぜ、粉山椒をふります。

メモ　味のバランスがよく、彩りもきれいな定番の組み合わせです。蒲焼きは酒を少しふってレンジで温めるとふっくらとします。きゅうりは軽く塩もみすると、余分な水分が抜けてご飯とのなじみがよくなります。

揚げなすのおみおつけ

材料／2人分
なす　2本
サラダ油　大さじ3
だし汁　400㎖
みそ　大さじ1½
おろししょうが　小さじ2

1. なすはヘタをとって一口大の乱切りにします。サラダ油を熱したフライパンでしんなりするまで揚げ焼きにし、ペーパータオルにとって油をきります。
2. 鍋にだし汁を入れて火にかけ、煮立ったら揚げなすを入れ、すぐにみそを溶き入れて火を止めます。
3. お椀に盛り、おろししょうがをのせます。

メモ　なすを揚げ焼きにするとうまみと香ばしさが加わって、いつものおみおつけとまた違ったおいしさになります。おろししょうがをのせてすっきりとした後味に。

あじの開きの混ぜご飯

材料／2合分
ご飯（炊きたて） 2合分
あじの開き（干物） 2枚
みょうが 2個
香菜《シャンツァイ》 2株
ナンプラー 大さじ½
おろしにんにく 小さじ⅓
一味唐辛子 小さじ¼

1 あじの開きはグリルまたは焼き網で焼き、粗熱がとれたら骨と皮をとり除いてほぐします。

2 みょうがは小口切りにし、香菜は1㎝幅に切ります。

3 ご飯にナンプラー、おろしにんにく、一味唐辛子を混ぜ、**1**と**2**を入れてさっくりと混ぜます。

メモ　ここでは香菜、ナンプラー、おろしにんにくなどを入れてアジア風にしましたが、代わりに青じそ、しょうが、白炒りごまを入れると和風になります。

夏野菜のおみおつけ

材料／2人分
ミニトマト　5個
ズッキーニ　¼本（50g）
なす　小1本
玉ねぎ　¼個
オリーブオイル　小さじ1
塩　少々
だし汁　400mℓ
みそ　大さじ1½

1）ミニトマトはヘタをとって縦半分に切ります。ズッキーニ、なす、玉ねぎは1.5㎝角に切ります。
2）鍋にオリーブオイルを熱してズッキーニ、なす、玉ねぎを入れ、塩をふって2分ほど炒めます。
3）2にだし汁を注ぎ入れ、煮立ったら火を弱めて煮ます。
4）ミニトマトを入れ、再び煮立ったらみそを溶き入れて火を止めます。

メモ　ラタトゥイユに使う夏野菜をとり合わせた、カラフルなおみおつけです。オリーブオイルと塩で炒めた野菜と、和のだし汁とみそが絶妙です。

たことオリーブのご飯

材料／2合分
米　2合
ゆでだこの足　大1本（150g）
黒オリーブ（種なし）　15〜16粒
ドライトマト　30g
ぬるま湯　200㎖
にんにく　2かけ
オリーブオイル　大さじ1

1　米はといでザルに上げ、30分ほどおいて水気をきります。
2　たこは5㎜幅に切り、オリーブは軽くつぶします。ドライトマトはぬるま湯に15分ほど浸してやわらかく戻し、2㎝角に切り、戻し汁はそのままとっておきます。
3　炊飯器に米を入れ、**2**の戻し汁に水（分量外）を足して350㎖にして加え、ドライトマト、たこ、黒オリーブの順にのせて炊きます。
5　にんにくを粗みじん切りにし、オリーブオイルとともにフライパンに入れて火にかけ、香りが出てきつね色になるまで弱火で炒めます。
6　ご飯が炊き上がったら**5**をオイルごと加え、さっくりと混ぜます。

メモ　たことドライトマトのうまみがじんわりしみたご飯に、にんにくオイルをからめるのがポイント。黒オリーブは軽くつぶして入れると、味が出やすくなります。

ガスパチョ風おみおつけ

材料／２人分
セロリ　⅓本
きゅうり　１本
みそ　大さじ１
だし汁（冷たいもの）　２００㎖
トマトジュース　１缶（１６０g）

1）セロリは筋をとって５㎜角に切り、きゅうりも５㎜角に切ります。合わせてボウルに入れ、塩小さじ⅓（分量外）をまぶして15分ほどおき、水気を絞ります。

2）ボウルにみそを入れ、だし汁を少しずつ加えて溶きのばし、トマトジュースを加えて混ぜます。

3）器に**2**を注ぎ入れ、**1**を入れます。

メモ　みそ、だし汁、トマトジュースを混ぜたみそスープはやさしい味わい。暑い夏の水分補給にぴったりです。冷蔵庫に入れて冷やしても。

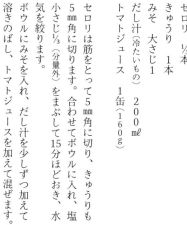

カレーご飯

材料／2合分

米　2合
ソーセージ（粗びき）　5本
A
水　360㎖
カレー粉　大さじ1
塩　小さじ½
玉ねぎ　1個
サラダ油　大さじ1
ミックスナッツ　40g
粗びき黒こしょう　小さじ⅓

1 米はといでザルに上げ、30分ほどおいて水気をきります。
2 ソーセージは斜め薄切りにします。
3 炊飯器に米と**A**を入れて軽く混ぜ、ソーセージを入れて炊きます。
4 玉ねぎは薄切りにし、サラダ油を熱したフライパンで薄茶色になるまで15分ほど炒めます。ミックスナッツは粗みじん切りにします。
5 ご飯が炊き上がったら**4**をのせ、こしょうをふり、さっくりと混ぜます。

メモ　玉ねぎは薄茶色になるまで炒めたものを加えると、うまみと甘みとコクが出ます。ソーセージのほか、チョリソ、生ハムを使っても。

トマトとゴーヤのおみおつけ

材料／2人分
トマト　1個
ゴーヤ　¼本
だし汁　400㎖
みそ　大さじ1½

1）トマトはヘタをとって8等分のくし形に切ります。

2）ゴーヤは縦半分に切ってワタと種をとり除き、薄切りにして塩少々（材料外）をふって手でもみます。5分ほどおき、さっと洗って水気をきります。

3）鍋にだし汁を入れて火にかけ、煮立ったらトマトとゴーヤを入れます。再び煮立ったらみそを溶き入れて火を止めます。

メモ　ゴーヤは塩をふって手でもんで少しおいておくと、苦みが抑えられ、味もなじみやすくなります。ゴーヤチャンプルーのようにくずした豆腐を加えても。

ステーキ焼きめし

材料／約2人分

ご飯（炊きたて）　1合分（約350g）
牛ステーキ肉（ランプなど）　1枚（200gくらい）
マッシュルーム（白またはブラウン）　5〜6個
にんにく　2かけ
オリーブオイル　大さじ1
しょうゆ　大さじ½
塩、粗びき黒こしょう　各適量
イタリアンパセリの粗みじん切り　適量

1. 牛肉は2〜3㎝角に切り、塩、こしょう各少々をふります。マッシュルームは石づきをとって5㎜厚さに切り、にんにくは薄切りにします。
2. フライパンにオリーブオイルとにんにくを入れて火にかけ、にんにくがきつね色になるまで弱火で炒め、にんにくをとり出します。
3. **2**のフライパンに牛肉を入れ、にんにくの香りが移った油で強めの中火で焼きつけ、マッシュルームを加えて炒めます。
4. ご飯を加えて炒め合わせ、しょうゆ、塩、こしょう各小さじ¼で調味します。仕上げににんにくを戻し入れ、イタリアンパセリを加えて軽く混ぜます。

メモ　まずはにんにくを香りよく炒め、にんにくの香りが移った油で牛肉やご飯を炒めるのがポイント。にんにくを入れっ放しにしておくと焦げすぎてしまうので、いったんとり出しておき、仕上げに戻し入れます。

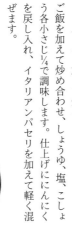

さつまいものおみおつけ

材料／2人分
さつまいも　5cm（100g）
だし汁　400mℓ
みそ　大さじ1½
バター　10g

1 さつまいもは洗って皮つきのまま5mm厚さに切り、大きいものは半月切りにします。
2 鍋にだし汁を入れて火にかけ、煮立ったらさつまいもを入れ、火を弱めて煮ます。さつまいもに火が通ったら、みそを溶き入れて火を止めます。
3 お椀によそい、バターをのせます。

メモ　みそバターの風味が鼻をくすぐる、秋の定番おみおつけ。さつまいもは煮すぎると一気にくずれるので、弱火で4〜5分煮るようにします。バターの量はお好みで。

きのこご飯

材料／2合分

米　2合
舞たけ　80〜100g
えのきだけ　100g
エリンギ　100g
油揚げ　1枚
にんじん　¼本（50g）

A
だし汁　300㎖
しょうゆ　大さじ2
みりん　大さじ2
塩　少々

1）米はといでザルに上げ、30分ほどおいて水気をきります。

2）きのこは石づきをとり、舞たけはほぐし、えのきだけは3等分に切ってほぐします。エリンギは長さと厚みを半分に切り、繊維に沿って5㎜厚さに切ります。油揚げは5㎜角に切り、にんじんは皮をむいて2㎜厚さのいちょう切りにします。

3）鍋に**A**を入れて煮立て、**2**を入れ、混ぜながらしんなりするまで煮ます。ザルを重ねたボウルにあけ、具と煮汁に分けます。

4）炊飯器に米を入れ、**3**の煮汁に水（分量外）を足して350㎖にして加え、炊きます。炊き上がったら**3**の具をのせて3分ほど蒸らし、さっくりと混ぜます。

メモ　ここではあらかじめ具を煮て、その煮汁でご飯を炊き、炊き上がってから具を混ぜました。きのこは数種類使うと味が複雑になっておいしくなります。

揚げじゃがいものおみおつけ

材料／２人分
じゃがいも　大1個
サラダ油　大さじ1
だし汁　４００mℓ
みそ　大さじ1½
細ねぎの小口切り（あれば）　１本分

1）じゃがいもは洗って皮つきのままラップで包み、電子レンジで約3分加熱し、一口大に切ります。
2）フライパンにサラダ油を熱してじゃがいもを入れ、おいしそうな焼き色がつくまで2〜3分揚げ焼きにします。ペーパータオルなどで余分な油を吸いとります。
3）鍋にだし汁を入れて火にかけ、煮立ったらみそを溶き入れて火を止めます。
4）お椀に**2**を入れ、熱々の**3**を注ぎ入れ、細ねぎをふります。

メモ　皮ごと揚げ焼きにしたじゃがいもは、香ばしくてホクホク。みそとの相性もよいので、おみおつけの実にもおすすめです。ほかの揚げ野菜で試してみても。

まつたけご飯

材料／2合分

米　2合
まつたけ　200g
A
だし汁　340mℓ
酒　大さじ2
薄口しょうゆ　大さじ1
塩　小さじ¼

1 米はといでザルに上げ、30分ほどおいて水気をきります。

2 まつたけは石づきを鉛筆を削るように薄くそぎ、大きめのものは長さを半分に切ってから縦半割りにし、小さめのものはそのまま、繊維に沿って薄切りにします。

3 炊飯器に米と**A**を入れて軽く混ぜ、**2**を入れて炊きます。炊き上がったらさっくりと混ぜます。

メモ　まつたけの香りと食感を味わう、もっともシンプルなレシピ。まつたけの下ごしらえは、水で洗わず、かたく絞った布巾やペーパータオルで汚れを拭きとり、それから、石づきを鉛筆を削るように薄くそぎ落とします。

とろろのおみおつけ

材料／2人分
山いも　200g
だし汁　350㎖
みそ　大さじ1½
青のり（あれば）　少々

1) 山いもは皮をむいてすりおろします。
2) 鍋にだし汁を入れて火にかけ、煮立ったらみそを溶き入れて火を止めます。
3) お椀に山いもを入れ、熱々の2を注ぎ入れ、青のりをふります。

メモ　とろろは独特の粘りと喉越しなめらかな味わいが魅力。ここでは、粘り気の強い大和いも（いちょういも）を使いましたが、粘り気の少ない長芋を使っても。

まつたけのバターじょうゆご飯

材料／2合分

米　2合
まつたけ　200g
A
水　350㎖
酒　大さじ2
塩　小さじ⅓
バター　20g
しょうゆ　大さじ1

1 米はといでザルに上げ、30分ほどおいて水気をきります。

2 まつたけは石づきを鉛筆を削るように薄くそぎ、大きめのものは長さを半分に切ってから縦半割りにし、小さめのものはそのまま、繊維に沿って薄切りにします。

3 炊飯器に米と**A**を入れて軽く混ぜ、**2**をのせて炊きます。

4 バターをフライパンに入れて火にかけ、バターが少し茶色になりはじめたらしょうゆを加えます。炊き上がったご飯に入れてさっくりと混ぜます。

メモ　炊き上がりにバターじょうゆを加えた、まつたけご飯のバリエーション。バターじょうゆの味を生かしたいのでだし汁は不要。水、酒、塩だけで炊き上げます。

長いもとなめこのおみおつけ

材料／2人分
長いも　200g
なめこ　½袋
だし汁　400㎖
みそ　大さじ1½

1 長いもは皮をむいて四つ割りにし、ビニール袋に入れて肉たたきなどで一口大のかたまりが残るくらいまでたたきます。

2 鍋にだし汁を入れて火にかけ、煮立ったら長いもとなめこを入れ、火を弱めて2分ほど煮ます。

3 みそを溶き入れて火を止めます。

メモ　長いもはたたくだけ、なめこはそのまま入れるだけのクイックおみおつけ。たたいた長いもはシャキッとした食感ととろっとした食感の両方が味わえます。

栗ご飯

材料／2合分
米、もち米　各1合
栗　15〜16個（400g）
A
水　250mℓ
酒　大さじ2
塩　小さじ2/3
黒炒りごま（好みで）　少々

1. 米ともち米は合わせてとぎ、30分ほど水につけてからザルに上げ、15分ほどおいて水気をきります。
2. 栗は熱湯に浸して30分ほどおき、鬼皮と渋皮をむきます。使うまで水に浸しておきます。
3. 炊飯器に米ともち米、Aを入れて軽く混ぜ、水気をきった栗をのせて炊きます。炊き上がったらさっくりと混ぜます。
4. 器に盛り、ごまをふります。

メモ　栗は外側の鬼皮がとてもかたいので、まずは熱湯に浸して鬼皮をやわらかくし、それから皮をむきます。1度に渋皮までむくのは大変なので、最初は鬼皮をむき、次に渋皮をむくようにします。使うまで水に浸しておくとアクが抜けます。

えのきと水菜、ソーセージのおみおつけ

材料／2人分

えのきだけ　50g
水菜　50g
ソーセージ　4本
だし汁　400㎖
みそ　大さじ1⅓

1. えのきだけは石づきをとって半分に切り、ほぐします。水菜は3〜4㎝長さのざく切りにし、ソーセージは斜め薄切りにします。
2. 鍋にだし汁を入れて火にかけ、煮立ったらえのきだけとソーセージを入れ、再び煮立ったらみそを溶き入れます。水菜を加えてさっと混ぜて火を止めます。

メモ　ソーセージのうまみが程よく効いた、思いのほか食べ心地のいいおみおつけ。水菜は最後に入れてシャキシャキ感を楽しみます。

さつまいもと黒ごまのご飯

材料／2合分

米　2合
さつまいも　200g
A
だし汁　320㎖
酒　大さじ2
しょうゆ　大さじ1
塩　小さじ⅓
黒半ずりごま（p.15参照）　大さじ4

1　米はといでザルに上げ、30分ほどおいて水気をきります。

2　さつまいもは皮つきのまま7〜8㎜厚さのいちょう切りにし、使うまで水に浸しておきます。

3　炊飯器に米とAを入れて軽く混ぜ、ごまを入れ、水気をきったさつまいもをのせて炊きます。炊き上がったらさっくりと混ぜます。

メモ　ホクッとした甘いさつまいもと黒ごまの組み合わせが絶妙。さつまいもは切ったら水に浸してアクを抜いて使います。かぼちゃや里いもでも応用できます。

舞たけとくずし豆腐のおみおつけ

材料／2人分
舞たけ　50g
豆腐（木綿）　½丁
だし汁　400㎖
みそ　大さじ1½

1. 舞たけは石づきがあればとり、食べやすい大きさにほぐします。
2. 鍋にだし汁を入れて火にかけ、煮立ったら舞たけを入れ、豆腐を大きめにくずしながら入れます。
3. 再び煮立ったらみそを溶き入れて火を止めます。

メモ　豆腐は手でくずして入れるので、絹ごしより木綿がおすすめです。舞たけのほか、しめじ、えのきだけなどほかのきのこを使っても。ごぼうのささがきを入れてもおいしい。

里いもと豚肉のご飯

材料／2合分

米　2合
里いも　大4個（400g）
豚こま切れ肉　150g
酒　大さじ1
ごま油　小さじ1
塩　少々
わけぎ　½束

A
水　320mℓ
酒　大さじ2
塩　小さじ⅓

B
しょうゆ　大さじ1
ごま油　大さじ1½

1）米はといでザルに上げ、30分ほどおいて水気をきります。
2）里いもは皮をむいて1㎝厚さに切り、豚肉は酒、ごま油、塩をもみ込みます。
3）わけぎは小口切りにします。
4）炊飯器に米とAを入れて軽く混ぜ、2をのせて炊きます。
5）ご飯が炊き上がったら3をのせ、Bのしょうゆをかけます。Bのごま油を小さめのフラパンに入れて煙が出るくらいまで熱して回しかけ、さっくりと混ぜます。

メモ　わけぎをたっぷりと加え、仕上げにしょうゆと熱々のごま油を加えると、パンチのある食べ心地になります。バターじょうゆを加えても。

つぶしかぼちゃのおみおつけ

材料／2人分
かぼちゃ　正味150g
豚ひき肉　80g
だし汁　350ml
みそ　大さじ1½
牛乳　100ml

1 かぼちゃは皮をところどころむき、2cm角に切ります。
2 鍋にだし汁を入れて火にかけ、煮立ったらひき肉を入れて箸でほぐしながら火を通します。アクが出たらすくいます。
3 かぼちゃを加え、再び煮立ったら火を弱め、つぶれるくらいまでやわらかく煮、お玉などで軽くつぶします。
4 みそを溶き入れ、牛乳を入れて煮立つ手前で火を止めます。

メモ　かぼちゃをやわらかく煮て軽くつぶし、ひき肉のうまみをプラスした、ポタージュのような味わいのおみおつけ。こしょうをふっても。

長いもと明太子のご飯

材料／2合分

米　2合
長いも　250g
A
だし汁　340㎖
薄口しょうゆ　大さじ1
酒　大さじ1
明太子　60g

1. 米はといでザルに上げ、30分ほどおいて水気をきります。
2. 長いもは皮をむき、少し大きめの乱切りにします。
3. 炊飯器に米とAを入れて軽く混ぜ、長いもをのせて炊きます。
4. ご飯が炊き上がったら、明太子を7〜8㎜幅に切って加えて2〜3分蒸らし、さっくりと混ぜます。

メモ　ご飯と一緒に炊き込んだ長いもはホクホクで、明太子とよく合います。食べるときに刻みのりをふってもおいしいですね。

かぼちゃと玉ねぎのおみおつけ

材料／2人分
かぼちゃ　正味120g
玉ねぎ　¼個
だし汁　400mℓ
みそ　大さじ1½

1 かぼちゃは皮つきのまま5〜6mm厚さのくし形に切り、食べやすい大きさに切ります。玉ねぎは7〜8mm幅に切ります。
2 鍋にだし汁を入れて火にかけ、1を入れ、煮立ったら火を弱めて煮ます。
3 野菜に火が通ったら、みそを溶き入れて火を止めます。

メモ　かぼちゃと玉ねぎのおいしさをストレートに楽しむおみおつけ。かぼちゃはやわらかめがおいしいですが、煮すぎると一気にくずれるので注意します。

新しょうがとそぼろのご飯

材料／2合分

米　2合
新しょうが　120g
鶏ひき肉　200g
酒　大さじ2
しょうゆ　大さじ1
塩　少々

A
水　350mℓ
酒　大さじ1
塩　小さじ⅓

1. 米はといでザルに上げ、30分ほどおいて水気をきります。
2. 新しょうがは皮ごと洗って水気を拭き、スライサーで薄切りにしてからせん切りにします。
3. ひき肉はボウルに入れ、酒、しょうゆ、塩を加え、箸でほぐしながら練らないように混ぜます。
4. 炊飯器に米とAを入れて軽く混ぜ、3のひき肉を入れて、水にひき肉を溶かすような感じで上面を少し混ぜ、新しょうがをのせて炊きます。炊き上がったらさっくりと混ぜます。

メモ　露地ものの新しょうがの旬は秋。新しょうがは皮が薄いので皮ごと使います。スライサーで薄切りにし、それをせん切りにすると、同じ厚さにそろってきれい。見た目のおいしさ感、食べたときの食感などに差が出ます。

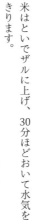

れんこんと小松菜、ベーコンのおみおつけ

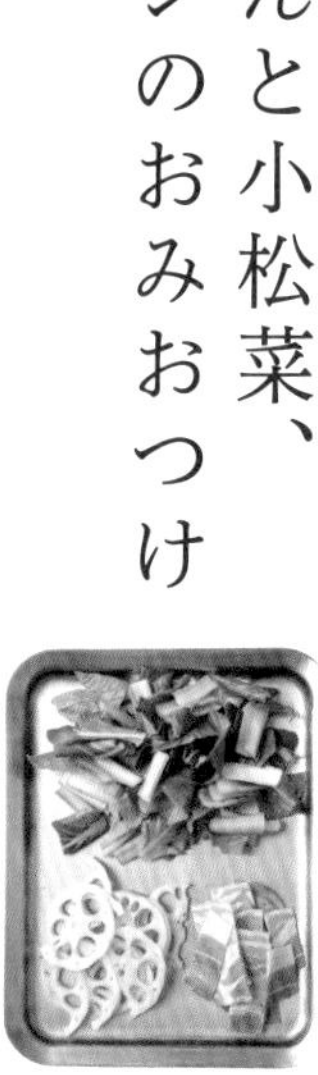

材料／２人分
れんこん　50g
小松菜　50g
ベーコン（薄切り）　２枚
だし汁　３００mℓ
みそ　大さじ1½
豆乳　１００mℓ

1 れんこんは皮をむいて薄い半月切りにし、小松菜は根元を切り落として３cm長さに切ります。ベーコンは２cm幅に切ります。

2 鍋にだし汁を入れて火にかけ、煮立ったられんこんとベーコンを入れて煮ます。

3 小松菜を茎、葉の順に加え、火が通ったらみそを溶き入れ、豆乳を入れて煮立つ手前で火を止めます。

メモ　根菜と青菜を組み合わせ、ベーコンでうまみをプラスした、ボリューム感のあるおみおつけです。ここではだし汁と豆乳は３対１の割合ですが、好みで加減してください。

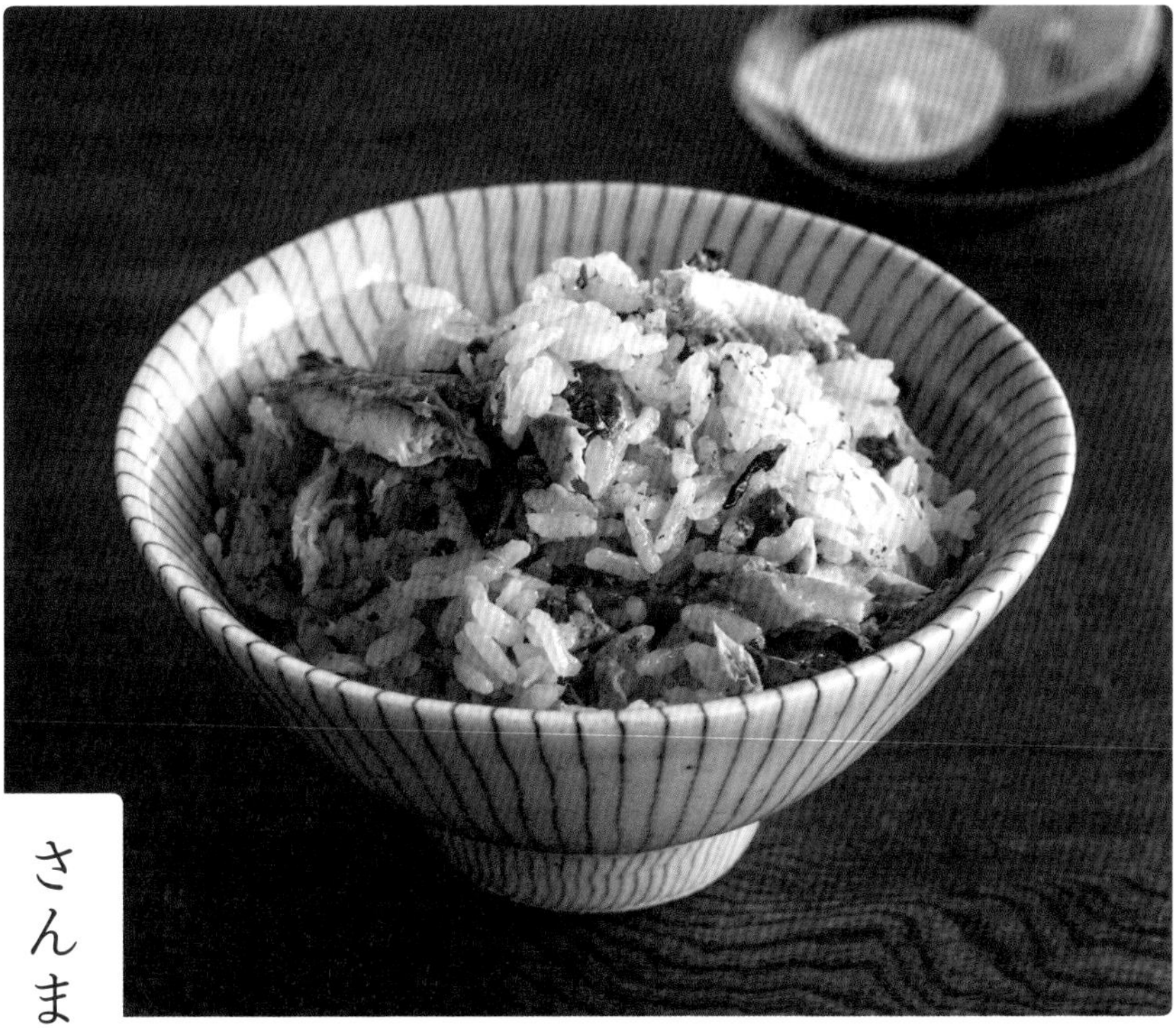

さんまご飯

材料／2合分

米　2合
さんま　2尾
A
水　340㎖
酒　大さじ2
しょうゆ　大さじ1
塩　小さじ⅓
すだち　適量

1) 米はといでザルに上げ、30分ほどおいて水気をきります。

2) さんまは半分に切って塩小さじ½（分量外）をまぶし、グリルまたは焼き網で、皮がこんがりとするまで強めの中火で焼きます。中まで火が通ってなくて大丈夫。

3) 炊飯器に米とAを入れて軽く混ぜ、さんまを並べてのせ、炊きます。炊き上がったらさんまの頭と尾、骨をとり除いて大まかにほぐし、さっくりと混ぜます。

4) 器に盛り、半分に切ったすだちを添えます。

メモ　さんまは塩焼きにしてから炊き込むと生臭さがなく、焼いた皮やワタの苦みも加わって滋味深い味になります。好みでしょうがのせん切りを混ぜても。

ユッケジャン風

材料／2人分

牛こま切れ肉　80g
豆もやし　100g
ぜんまい（水煮）　40g
長ねぎ　30g
ごま油　小さじ1
だし汁　400mℓ
みそ　大さじ1
コチュジャン　小さじ1

1. 豆もやしはひげ根をとります。ぜんまいは食べやすい長さに切り、長ねぎは斜め薄切りにします。
2. 鍋にごま油を熱して牛肉を炒め、色が変わってきたら、豆もやしとぜんまいを入れて軽く炒め合わせます。
3. だし汁を注ぎ入れ、煮立ったらアクをすくいながら煮ます。長ねぎを入れて少し煮て、みそとコチュジャンを溶き入れて火を止めます。

メモ　ユッケジャンはもともとは夏バテ防止のためのスープですが、ここではにんにくやしょうがは入れず、和のだし汁とみそでやさしい味に仕上げます。

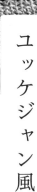

むかごご飯

材料／2合分
米　1½合
もち米　½合
むかご　200g
A
水　250㎖
酒　大さじ1
塩　小さじ⅔
昆布　3㎝長さ1枚

1 米ともち米は合わせてとぎ、30分ほど水につけてからザルに上げ、15分ほどおいて水気をきります。
2 むかごは皮ごとよく洗って水気をきります。
3 炊飯器に米ともち米、Aを入れて軽く混ぜ、昆布をおき、むかごをのせて炊きます。炊き上がったらさっくりと混ぜます。

メモ　むかごは山いもなどの葉のつけ根にできる小指の先ほどの球状の芽。小粒だけれどしっかりと味があり、炊き込みご飯にすると美味。ここでは塩味にしてシンプルに楽しみます。

豚汁

材料／2人分
豚こま切れ肉　80g
大根　100g
にんじん　30g
こんにゃく　60g
長ねぎ　30g
ごま油　小さじ1
だし汁　400㎖
酒　大さじ2
みそ　大さじ1½
七味唐辛子（好みで）　適量

1 大根とにんじんは皮をむき、大根は5㎜厚さのいちょう切り、にんじんは5㎜厚さの半月切りにします。こんにゃくは下ゆでし、小さめの一口大にちぎります。長ねぎは7〜8㎜幅の小口切りにします。

2 鍋にごま油を熱して豚肉を炒め、色が変わってきたら、大根、にんじん、こんにゃくを入れて炒め合わせます。だし汁と酒を注ぎ入れ、みそ大さじ1を溶き入れて弱火で煮ます。

3 長ねぎを入れて少し煮て、残りのみそを溶き入れて火を止めます。

4 お椀によそい、七味唐辛子を添えます。

メモ　みそを入れて煮ると味がなじんでおいしくなるので、まずはみその⅔量を入れて煮て、仕上げに残りの⅓量を入れて仕上げます。こうするとみその香りも立たせることができます。

大豆とほうじ茶のご飯

材料／2合分

米　2合
大豆水煮缶　1缶（190g）

A
ほうじ茶（冷ましたもの）　350mℓ
しょうゆ　大さじ1
塩　小さじ⅓

1. 米はといでザルに上げ、30分ほどおいて水気をきります。
2. 大豆は水気をきります。
3. 炊飯器に米とAを入れて軽く混ぜ、大豆をのせて炊きます。炊き上がったらさっくりと混ぜます。

メモ　だし汁の代わりにほうじ茶を使って炊き上げると、ほうじ茶のほんのりとした色と香りが、いつものご飯とはまた違ったおいしさに。大豆はここでは水煮缶を使いましたが、炒り大豆を使っても。

あらのみそ汁

材料／2人分
魚のあら（ぶりなど）
　4〜5切れ（200〜250g）
わけぎ　50g
だし汁　400㎖
酒　大さじ3
みそ　大さじ1½

1　あらは塩大さじ½（分量外）をまぶして15分ほどおき、流水で洗います。熱湯に入れて白っぽくなったらザルに上げ、再び流水で洗って血合いなどをとり除きます。

2　わけぎは3〜4㎝長さの斜め切りにします。

3　鍋にだし汁と酒を入れて火にかけ、煮立ったらあらを入れて4〜5分煮ます。わけぎを入れ、みそを溶き入れて火を止めます。

メモ　魚のあらは脂とうまみがあっておいしいですが、血合いが多いと臭みが出やすいので、必ず下処理を。ここではぶりを使いましたが、鯛や金目鯛のあらを使っても。

五目ご飯

材料／2合分

米　2合
鶏もも肉　1枚
酒　大さじ1
しょうゆ　小さじ1
塩　少々
しいたけ　3枚
にんじん　¼本（50g）
ごぼう　⅓本（50g）
油揚げ　1枚

A
だし汁　320㎖
しょうゆ　大さじ1
みりん　大さじ1
塩　小さじ⅓

1）米はといでザルに上げ、30分ほどおいて水気をきります。

2）鶏肉は小さめの一口大に切り、酒、しょうゆ、塩をもみ込みます。しいたけは石づきをとって薄切りにし、にんじんは皮をむいて短冊切りにします。ごぼうは皮をタワシなどで洗って小口切りにして水に放し、水気をきります。油揚げは縦半分に切ってから7〜8㎜幅に切ります。

3）炊飯器に米とAを入れて軽く混ぜ、2をのせて炊きます。炊き上がったらさっくりと混ぜます。

メモ　根菜、きのこ、鶏肉、油揚げ。いろいろなうまみが溶け合ったご飯のおいしさは格別。仕上げに三つ葉やゆでた絹さやを混ぜても。

かぶと厚揚げのおみおつけ

材料／2人分
かぶ　小2個
かぶの葉　20g
厚揚げ　½枚
だし汁　400㎖
みそ　大さじ1½

1. かぶは洗って皮つきのままくし形に切り、かぶの葉は1㎝幅に切ります。厚揚げは縦半分に切ってから7〜8㎜厚さに切ります。
2. 鍋にだし汁を入れて火にかけ、煮立ったらかぶと厚揚げを入れ、火を弱めて煮ます。
3. かぶに火が通ったら、かぶの葉を入れ、みそを溶き入れて火を止めます。

メモ｜時間がなくて早く仕上げたいときは、かぶを1〜2㎝厚さに切って使っても。その場合は、厚揚げより油揚げの方が合います。

肉じゃがご飯

材料／2合分

米　2合
じゃがいも　2個（300g）
にんじん　½本（100g）
玉ねぎ　½個
豚こま切れ肉　150g

A
しょうゆ　大さじ2
みりん　大さじ2
塩　小さじ¼
サラダ油　大さじ½

水　320㎖

1. 米はといでザルに上げ、30分ほどおいて水気をきります。
2. じゃがいもは皮をむいて2㎝角に切り、にんじんは皮をむいて1.5㎝角、玉ねぎは7〜8㎜幅のくし形に切ります。豚肉とともにボウルに入れ、**A**を加えてからめ、15分ほどおきます。
3. 炊飯器に米と水を入れ、**2**を汁ごと入れて炊きます。炊き上がったらさっくりと混ぜます。

メモ｜肉じゃがをご飯に炊き込んだ、ボリューム満点ご飯。じゃがいも、にんじん、玉ねぎ、豚肉にあらかじめ、しょうゆ、みりん、塩、サラダ油をもみ込んでおくのがポイントです。

白菜のおみおつけ

材料／2人分
白菜　120g
だし汁　400mℓ
みそ　大さじ1½
天かす　10g

1) 白菜は繊維を断つようにして太めのせん切りにします。
2) 鍋にだし汁を入れて火にかけ、煮立ったら白菜の芯、葉の順に入れ、火を弱めて煮ます。
3) 白菜に火が通ったら、みそを溶き入れて火を止めます。
4) お椀によそい、天かすを加えます。

メモ　冬の甘い白菜をたっぷりといただく、シンプルなレシピです。ここでは天かすを使いましたが、代わりにちくわを刻んで入れても。

牛ごぼうのしぐれ煮混ぜご飯

材料／2合分

ご飯（炊きたて）　2合分
牛こま切れ肉　150g
ごぼう　⅔本（100g）

A
水　150ml
酒　大さじ3
しょうゆ　大さじ2
砂糖　大さじ1
おろししょうが　大さじ1

実山椒のつくだ煮
　またはしょうゆ漬け（あれば）　適量

1 ごぼうは皮をタワシなどで洗って斜め薄切りにし、水に放し、水気をきります。

2 鍋にAを入れて煮立て、ごぼうと牛肉を入れ、アクをとりながら弱めの中火で煮ます。汁気が少なくなったらやや火を強め、箸で混ぜながら汁気がなくなるまでさらに煮ます。

3 ご飯に2を入れてさっくりと混ぜます。

4 器に盛り、実山椒をふります。

メモ　牛肉とごぼうでしぐれ煮を作り、炊きたてのご飯に混ぜます。しぐれ煮を作るとき、ここではおろししょうがを使いましたが、しょうがのせん切りやみじん切りを入れても。

キムチとがんものおみおつけ

材料／２人分
白菜キムチ　50g
がんもどき　小３個
ニラ　２〜３本
ごま油　小さじ½
だし汁　400㎖
みそ　大さじ１

1. キムチは軽く汁気をきってざく切りにし、がんもどきは食べやすい大きさに切ります。ニラは２〜３㎝長さに切ります。
2. 鍋にごま油を熱してキムチとがんもどきをさっと炒め、だし汁を入れます。
3. 再び煮立ったらみそを溶き入れ、ニラを加えて火を止めます。

メモ　キムチとがんもどきをごま油で炒めることで、コクのあるおみおつけになります。ニラの代わりにわけぎや細ねぎを使っても。

ごぼうとベーコンのご飯

材料／2合分

米　2合
ごぼう　1本（150g）
ベーコン（かたまり）　150g
オリーブオイル　小さじ1
しょうゆ　小さじ1
塩　小さじ¼
粗びき黒こしょう　適量

A
水　340mℓ
顆粒スープの素　小さじ1

1. 米はといでザルに上げ、30分ほどおいて水気をきります。
2. ごぼうは皮をタワシなどで洗い、ささがきにして水に放し、水気をきります。ベーコンは7〜8㎜厚さの棒状に切ります。
3. フライパンにオリーブオイルを熱してベーコンを炒め、ごぼうを加えてさらに炒め、しょうゆ、塩、こしょう小さじ¼で調味します。
4. 炊飯器に米とAを入れて軽く混ぜ、3をのせて炊きます。炊き上がったらさっくりと混ぜます。
5. 器に盛り、こしょうを適量ふります。

メモ　ささがきごぼうをたっぷりと入れた、ごぼうが主役の味つけご飯。ベーコンはかたまりのものを棒状に切って使うのがおすすめ。味や食感のバランスがよくなります。

たらとキムチのおみおつけ

材料／2人分
生たら　1切れ
白菜キムチ　50g
だし汁　400mℓ
みそ　大さじ1

1）たらは骨を除いて一口大に切ります。キムチは軽く汁気をきってざく切りにします。
2）鍋にだし汁を入れて火にかけ、たらを入れて煮ます。たらに火が通ったらキムチを加え、さらに1分ほど煮ます。
3）みそを溶き入れて火を止めます。

メモ　淡白な味のたらと白菜キムチは相性抜群。これだけで十分おいしいですが、具だくさんにしたい場合は、もやしやニラを加えてもいいですね。

塩もみ大根とひき肉のご飯

材料／2合分

米　2合
大根　400g
大根の葉　30g
鶏ひき肉　200g
酒　大さじ2

A
塩　小さじ¼
片栗粉　小さじ1
水　340㎖
薄口しょうゆ　大さじ1
酒　大さじ1

1. 米はといでザルに上げ、30分ほどおいて水気をきります。
2. 大根は皮をむいて4㎝長さの太めの棒状に切ってボウルに入れ、塩小さじ½（分量外）をまぶして15分ほどおき、かたく水気を絞ります。大根の葉は小口切りにし、塩少々（分量外）をふって少しおき、水気を絞ります。
3. ボウルに鶏ひき肉、酒、塩、片栗粉を入れて混ぜ合わせます。
4. 炊飯器に米と**A**を入れて軽く混ぜ、**3**をスプーンで小さめの一口大にすくってところどころに落とし入れ、大根の塩もみをのせて炊きます。炊き上がったら、大根の葉を加えて1分ほど蒸らし、さっくりと混ぜます。

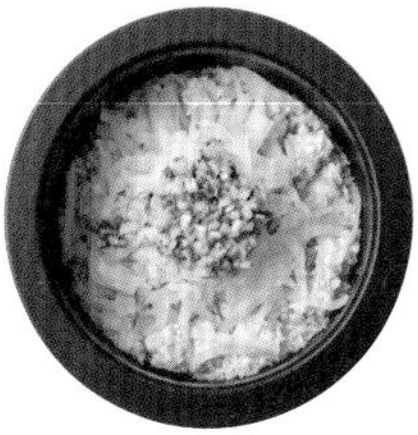

メモ　大根を炊き込むときは、生のまま入れると水気が出ておいしく炊けないので、塩もみして余分な水分を除いてから使います。大根の葉を入れると彩りと食感がよくなります。

大根のおみおつけ

材料／２人分
大根　１２０g
大根の葉　10g
だし汁　４００mℓ
みそ　大さじ１½

1 大根は皮をむいて４～５㎝長さに切り、千六本に切ります。大根の葉は小口切りにします。

2 鍋にだし汁を入れて火にかけ、煮立ったら大根を入れて煮ます。

3 大根がやわらかくなったら大根の葉を入れて一煮し、みそを溶き入れて火を止めます。

メモ　大根は繊維がやわらかいので、おみおつけには千六本（太めのせん切り）が向いています。ここに油揚げをプラスするのもおすすめ。その場合は、大根と同じくらいの細さにするといいですね。

カリフラワーと鶏肉のカレー焼きめし

材料／約2人分

ご飯（炊きたて）　1合分（約350g）
鶏もも肉　1枚
酒　大さじ1
塩、こしょう　各少々
カリフラワー　200g
サラダ油　大さじ½
カレー粉　大さじ1
しょうゆ　小さじ1

A
塩　小さじ⅓

1. 鶏肉は小さめの一口大に切り、酒、塩、こしょうをもみ込みます。カリフラワーは小房に分けてから縦薄切りにします。
2. フライパンにサラダ油を熱して鶏肉を入れ、弱めの中火でときどき上下を返しながら焼き、中まで火を通します。
3. カリフラワーを加え、強めの中火にして炒め合わせ、カリフラワーに火が通ったら、カレー粉を入れて味をなじませながら炒めます。
4. 3にご飯を加えて焼きつけるようにしながら炒め合わせ、Aで味を調えます。

メモ　鶏肉はあらかじめ下味をつけておくと、炒めてもパサつかず、味気なくなりません。カレー粉のほか、クミンパウダー、ガラムマサラなど、好みのスパイスを加えても。

大根おろしと豚肉のおみおつけ

材料／2人分
大根　150g
豚薄切り肉（しゃぶしゃぶ用）　50g
細ねぎ　1〜2本
だし汁　400mℓ
みそ　大さじ1⅔

1）大根は皮をむいてすりおろし、ザルに上げて軽く水気をきります。細ねぎは斜め切りにします。
2）鍋にだし汁を入れて火にかけ、煮立ったら火を弱め、豚肉を1枚ずつ広げて入れ、白っぽくなるまで火を通します。
3）みそを溶き入れ、細ねぎと大根おろしを入れて火を止めます。

メモ　しゃぶしゃぶ用の薄切り肉に大根おろしをからめるようにして食べるとおいしい。好みで、七味唐辛子、黒七味、ゆずこしょうなどをかけても。

高菜と納豆の焼きめし

材料／約2人分
ご飯（炊きたて） 1合分（約350g）
高菜漬け 100g
サラダ油 大さじ½
納豆 2パック（80g）
A
しょうゆ 大さじ½
こしょう 少々

1 高菜漬けは粗みじん切りにして水に5分ほど浸し、水気をしっかりと絞ります。
2 フライパンにサラダ油を熱して納豆を入れ、粘りが少なくなって焼き色がつくまで炒めます。
3 1を加えてさらに炒め、ご飯を加えて炒め合わせ、Aで味を調えます。

メモ　漬けものの塩分が味のベースになるので、味つけはしょうゆとこしょうのみ。高菜漬けの代わりに野沢菜漬け、白菜キムチなどを使っても。

粕汁

材料／2人分
大根 100g
にんじん 1/8本（25g）
里いも 2個
甘塩鮭 1切れ
酒粕（練り粕） 大さじ2
みそ 大さじ1½
だし汁 450mℓ
細ねぎの小口切り（あれば） 適量

1 大根、にんじん、里いもは皮をむき、大根は5㎜厚さのいちょう切り、にんじんは薄い半月切り、里芋は7〜8㎜厚さの輪切りにします。鮭は骨を除いて一口大に切ります。

2 ボウルに酒粕とみそを入れて混ぜ、だし汁少々（大さじ3くらい）を加えてのばします。

3 鍋に残りのだし汁を入れて火にかけ、煮立ったら鮭を入れて少し煮ます。大根、にんじん、里いも、**2**の半量を加え、火を弱めて煮ます。

4 野菜に火が通ったら、残りの**2**を加えて火を止めます。

5 お椀によそい、細ねぎをふります。

メモ　練り粕がない場合は板粕を使います。板粕をぬるま湯に浸して30分ほどおいてやわらかくし、とり出してなめらかになるまで混ぜてからみそと混ぜ合わせます。

ゆり根ご飯

材料／2合分
米 2合
ゆり根 1個
A
水 350㎖
酒 大さじ2
塩 小さじ⅔

1 米はといでザルに上げ、30分ほどおいて水気をきります。
2 ゆり根は1枚ずつはがしてよく洗い、大きいものは半分に切ります。
3 炊飯器に米とAを入れて軽く混ぜ、ゆり根をのせて炊きます。炊き上がったら、ゆり根の形をできるだけくずさないようにしてさっくりと混ぜます。

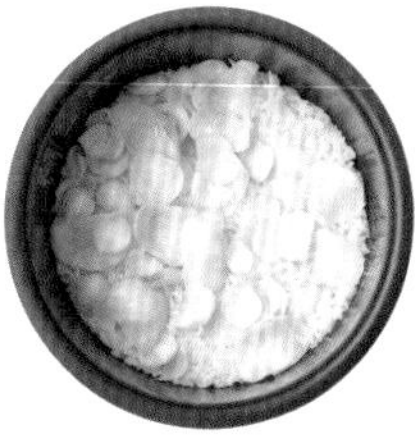

メモ ゆり根は火をあまり通さないとシャキシャキとした食感ですが、炊き込みご飯のようにしっかりと火を通すとホクホク、ねっとりとした食感になるのが特徴。やさしい甘さと上品な味わいが魅力です。

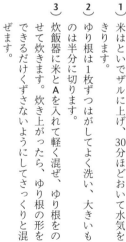

沢煮椀風

材料／2人分
ごぼう　⅓本（50g）
にんじん　⅛本（25g）
豚ロース薄切り肉　3枚
だし汁　400㎖
みそ　大さじ1½
すだち（あれば）　½個

1）ごぼうは皮をタワシなどで洗い、細めのささがきにして水に放し、水気をきります。にんじんは皮をむいてせん切りにし、豚肉は細切りにします。

2）鍋にだし汁を入れて火にかけ、煮立ったら豚肉を入れてほぐしながら火を通します。再び煮立ったら、ごぼう、にんじんを入れて軽く煮ます。

3）みそを溶き入れて火を止めます。

4）お椀によそい、すだちを添えます。

メモ　せん切りにした野菜や豚肉をたっぷりと入れた薄味の汁ものが「沢煮椀」。そんな沢煮椀をみそ仕立てにします。豚肉の代わりに鶏肉を使っても。

かきご飯

材料／2合分

米　2合
かき（加熱用）　12〜15粒（250g）
実山椒のつくだ煮　15g

A

酒　大さじ3
しょうゆ　大さじ1
砂糖　大さじ1
塩　小さじ1/4

1. 米はといでザルに上げ、30分ほどおいて水気をきります。
2. かきはボウルに入れ、粗塩大さじ1（分量外）を加えてやさしく洗い、黒い汚れが出たら水を替えながら数回洗い、水気をきります。
3. 鍋にAを入れて煮立て、かき、実山椒のつくだ煮を入れ、上下を返しながら中火でぷっくりと煮ます。かきだけをとり出し、煮汁はそのままとっておきます。
4. 炊飯器に米を入れ、3の煮汁に水（分量外）を足して350mlにして加え、塩を入れて炊きます。炊き上がったらかきをのせて2〜3分蒸らし、さっくりと混ぜます。

メモ　かきを生のまま最初から入れて炊き上げる方法もありますが、ここでは、あらかじめかきを煮て、その煮汁と水でご飯を炊き、仕上げにかきを加えます。この方法だと、ぷっくりしたままのかきが味わえます。

納豆と豆腐のおみおつけ

材料／2人分

ひきわり納豆　2パック
豆腐（絹ごしまたは木綿）100g
だし汁　400mℓ
みそ　大さじ1½
長ねぎの小口切り（あれば）　適量

1. 豆腐はさいの目切りにします。
2. 鍋にだし汁を入れて火にかけ、煮立ったら豆腐と納豆を入れて一煮し、みそを溶き入れて火を止めます。
3. お椀によそい、長ねぎをのせます。

メモ　納豆と豆腐を組み合わせた、植物性たんぱく質が無理なくとれるおみおつけ。ひきわり納豆と長ねぎだけでもおいしいし、豆腐の代わりになめこや刻んだ青菜を入れても OK。

鮭と塩昆布のご飯

材料／2合分
米　2合
甘塩鮭　2切れ
しょうが　2かけ
A
水　350㎖
酒　大さじ1
塩　小さじ¼
塩昆布（細切りのもの）　20g

1 米はといでザルに上げ、30分ほどおいて水気をきります。

2 鮭は骨をとり除いて4〜5等分に切ります。しょうがは皮をむいてみじん切りにします。

3 炊飯器に米とAを入れて軽く混ぜ、塩昆布としょうがを散らし、鮭をのせて炊きます。炊き上がったら、鮭をほぐしながらさっくりと混ぜます。

メモ　鮭と塩昆布の塩気、うまみがしみ込んだご飯が絶妙。ほんのり香るしょうががアクセントです。鮭は甘塩鮭か塩鮭を使うのがおすすめ。塩鮭の場合はAの塩は不要です。

青菜としめじのおみおつけ

材料／２人分

小松菜　80g
しめじ　50g
だし汁　400㎖
みそ　大さじ1½
黒半ずりごま（p.15参照）　大さじ1

1　小松菜は２㎝長さに切り、しめじは石づきをとってほぐします。
2　鍋にだし汁を入れて火にかけ、煮立ったらしめじを入れ、再び煮立ったら小松菜を茎、葉の順に入れて一煮します。
3　みそを溶き入れて火を止めます。
4　お椀によそい、ごまを加えます。

メモ　仕上げに加える黒ごまがアクセント。ごま独特の風味と香ばしさがプラスされて、パワフルな味わいになります。小松菜のほか、ほうれん草、青梗菜などほかの青菜でも同様に。

はらこめし

材料／2合分
ご飯（炊きたて） 2合分
甘塩鮭 2切れ
酒 大さじ1
三ツ葉 6〜7本
イクラのしょうゆ漬け 50g

1. 鮭は酒をかけ、グリルまたは焼き網でこんがりと両面焼きます。骨をとり除いてほぐし、皮は5㎜幅に切ります。
2. 三ツ葉は2㎝長さに切ります。
3. ご飯に**1**を加えて混ぜ、三ツ葉とイクラを加えてさっくりと混ぜます。

メモ　はらこめしは、鮭とイクラを取り合わせるのが特徴。鮭を煮てその煮汁でご飯を炊いたり、煮た鮭をご飯に混ぜたり……と作り方はいろいろですが、ここでは炊きたてのご飯に焼き鮭とイクラを混ぜて作ります。

青梗菜と鶏団子のおみおつけ

材料／2人分
青梗菜 80g
鶏ひき肉 80g
酒 大さじ½
塩、こしょう 各少々
片栗粉 小さじ1
だし汁 400㎖
みそ 大さじ1½

1) 青梗菜は葉と茎に分け、葉は2㎝長さに切り、茎は一口大に切ります。
2) ひき肉はボウルに入れ、酒、塩、こしょう、片栗粉を加えて練り混ぜ、小さめの一口大に丸めます。
3) 鍋にだし汁を入れて火にかけ、煮立ったら**2**を落とし入れて煮ます。
4) 青梗菜を茎、葉の順に入れ、再び煮立ったら、みそを溶き入れて火を止めます。

メモ｜鶏団子は鶏ひき肉に酒、塩、こしょう、片栗粉を混ぜるだけだから簡単。青梗菜のほか、ブロッコリーと組み合わせてもいいですね。

中華おこわ

材料／2合分

米、もち米　各1合
焼き豚　200g
A
水　250㎖
しょうゆ　大さじ1
ごま油　小さじ1
オイスターソース　小さじ1
鶏ガラスープの素　小さじ1
塩　少々
甘栗　100g
うずら卵（ゆでたもの）　8個

1. 米ともち米は合わせてとぎ、30分ほど水につけてからザルに上げ、15分ほどおいて水気をきります。
2. 焼き豚は2㎝角に切ります。
3. 炊飯器に米ともち米、Aを入れて軽く混ぜ、焼き豚、甘栗、うずら卵をのせて炊きます。炊き上がったらさっくりと混ぜます。

メモ　オイスターソースやごま油を加えてコクのある味つけにするのがポイント。焼き豚はうずら卵や甘栗に合わせて大きめに切って存在感を出します。

ふんわり卵とブロッコリーのおみおつけ

材料／2人分

卵　1個
ブロッコリー　60g
だし汁　400mℓ
みそ　大さじ1½

1　卵はボウルに割りほぐします。ブロッコリーは粗く刻みます。

2　鍋にだし汁を入れて火にかけ、煮立ったらブロッコリーを入れて煮ます。

3　ブロッコリーに火が通ったら、**1**の溶き卵を回し入れ、ふわりと浮いてかたまったらみそを溶き入れて火を止めます。

メモ　みその風味も際立つ、やさしい味わいのおみおつけ。かき卵だけでもおいしいですが、ここにブロッコリーを加えると彩りがよくなってボリュームもアップします。

お赤飯

材料／2合分
もち米　2合
ささげ　40g
塩　小さじ½
ごま塩　適量

1 もち米はとぎ、30分ほど水につけてからザルに上げ、15分ほどおいて水気をきります。

2 ささげはたっぷりの水とともに火にかけ、煮立ったらザルに上げ、再び500mℓ程度の水（分量外）とともに火にかけ、煮立ったら弱火にして15〜20分ゆでます。一粒とって指で押すとつぶれるくらいになったら、ささげとゆで汁に分けます。

3 炊飯器にもち米を入れ、**2**のゆで汁250mℓと塩を加えて混ぜ、ささげをのせて炊きます。炊き上がったらさっくりと混ぜます。

4 器に盛り、ごま塩をふります。

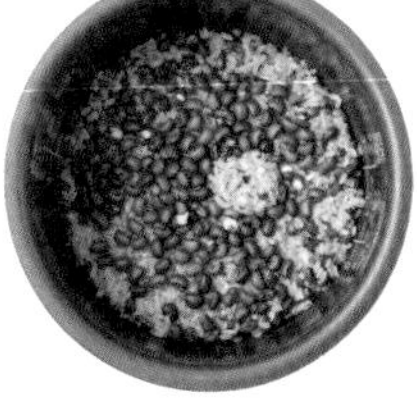

メモ　もち米100％のお赤飯を炊飯器で手軽に炊くレシピです。お祝い事で炊くことが多いお赤飯は、あずきより粒が大きめで皮が破れにくいささげの方が関東では好まれてきたようです。

味つけご飯・材料別索引

野菜

きのこ

肉

おみおつけ・材料別索引

野菜

重信初江

Hatsue Shigenobu

服部栄養専門学校調理師科卒業後、織田調理師専門学校で助手として勤務。その後、料理研究家のアシスタントを経て独立。昔から受け継がれてきた定番おかずから、海外を旅して覚えた料理まで、なんでもこなす実力派。雑誌、テレビ、イベントなどで幅広く活躍中。著者に『Tsukemono cook book 漬けものレシピ』『Sushi cook book すしレシピ』（ともに朝日新聞出版）、『おうちで深夜食堂』（共著。小学館）など多数。

アートディレクション
昭原修三
デザイン
植田光子
撮影
竹内章雄
スタイリング
久保原惠理
編集
松原京子
プリンティングディレクター
栗原哲朗（図書印刷）

味《あじ》つけご飯《はん》とおみおつけ

2020年8月7日 第1刷発行

著者 重信初江《しげのぶはつえ》
発行者 千石雅仁
発行所 東京書籍株式会社
東京都北区堀船2－17－1 〒114－8524
電話 03－5390－7531（営業）
03－5390－7508（編集）

印刷・製本 図書印刷株式会社

Printed in Japan
ISBN978-4-487-81392-6 C2077